Sevillanas

FELICIANO PÉREZ-VERA HERNÁNDEZ

Sevillanas

ALMUZARA

Primera edición: marzo de 2025

Editorial Almuzara • Colección Flamenco
Editora: Rosa García Perea
Maquetación: Miguel Andréu

www.editorialalmuzara.com
pedidos@almuzaralibros.com - info@almuzaralibros.com

Editorial Almuzara
Parque Logístico de Córdoba. Ctra. Palma del Río, km 4
C/8, Nave L2, n.º 3. 14005 - Córdoba

Imprime: Black Print
ISBN: 978-84-10526-77-8
Depósito legal: CO-250-2025
Hecho e impreso en España - *Made and printed in Spain*

A María, mi mujer, siempre conmigo.

RAÍCES Y RAZONES

El interés y la gran difusión que ha alcanzado, en casi toda España, esta forma de música y de baile al que llamamos *sevillanas* me lleva a poner por escrito todo lo que sé y he investigado y, sobre todo, he vivido en relación con este género, al que puedo decir que le he dedicado una parte importante de mi vida.

Soy autor de muchas sevillanas famosas que ya forman parte del acervo musical y cultural de Andalucía. ¿Quién no ha cantado alguna vez *Si me enamoro algún día me desenamoraré* o *La carreta de mi prima tiene los madroños granas…*? Pero soy un «pigmeo» al lado de los grandes artistas y compositores que han puesto su huella en esta forma de cantar y bailar en Andalucía. Y no solo soy poca cosa al lado de ellos, sino también frente a decenas de personas anónimas a las que conocí desde niño y que me han enseñado bastante sobre nuestro género.

A todos ellos quisiera dedicarles este libro, y de ellos contaré vivencias y recuerdos que, estoy seguro, serán deliciosos para los lectores. Así, este recorrido a través de las historias de las personas, personajes y personajillos que han poblado mi mundo creativo servirá de hilo conductor a mi narración. También haré un poco de historia para que se conozca dónde hunde sus raíces la sevillana, pero prometo no aburrirles mucho con este tema.

Finalmente, escribiré las letras de mis sevillanas más famosas, para que se vea cómo fructificó en mí lo que otros me enseñaron.

Yo llegué al mundo de las sevillanas..., bueno, mejor habría que decir que las sevillanas llegaron a mí para formar parte de mi vida desde que fui niño.

Quizás uno de los primeros recuerdos de infancia y de donde arranca mi devoción por las coplas por sevillanas es aquella cruz de mayo, en El Cerrillo, en Hinojos, que es un pequeño pueblo cerca de Sevilla pero que, al crearse las provincias en España en 1833, pasó a formar parte de la de Huelva. Allí nací yo, en una casa que tenían los Pérez-Vera en la plaza de España, junto a la Parroquia de Santiago y frente al ayuntamiento, en el mismo lugar en el que hoy se alza el cuartel de la Guardia Civil.

Pues, como iba diciendo, todo empezó en El Cerrillo: una plazoleta recóndita, de suelo empedrado, enclavada entre unas cuantas casas que la rodean y llena de naranjos y macetas, como tantas en Andalucía. En el centro, aún hoy se alza una antigua cruz de hierro forjado, clavada sobre un pedestal de ladrillos adornados con azulejos de colores. Esta es la antiquísima Cruz del Cerrillo, y allí se reunía el pueblo, el día tres de mayo de cada año, a celebrar la Fiesta de la Cruz Florida, la cruz que se celebra en la Pascua de Resurrección, por ser creencia católica que el leño inerte y sin vida en el que murió Jesucristo floreció milagrosamente cuando él salió triunfante del sepulcro.

Supongo que me escapé de la casa de mi abuelo, sin que me vieran, y me metí en aquel corrillo de mujeres y hombres cantando, bailando y bebiendo vino para celebrar la fiesta alrededor de la cruz. ¿Cómo se celebran las cosas en Andalucía sino con alegría?

Recuerdo la cruz de hierro forjado iluminada con quinqués y con su pedestal adornado con macetas de geranios de colores fuertes. Dejados caer sobre los balcones de las casas que daban a la plaza había muchos mantones de manila...; tiras de farolillos con bombillas dentro, para iluminar la noche, iban de una casa otra, haciéndole a la placita una especie de techo de luz y color. Frente a la cruz, un corro de gente abigarrada, unos sentados y otros de pie, y en el centro había varias parejas de mujeres, bailando con castañuelas adornadas de madroños. Hasta las viejas vestidas de luto salían a bailar, entre bromas, marcando los pasos ya torpemente. Había muchas de ellas envueltas en antiquísimos mantones de manila, con zarcillos largos, peinas y flores en el pelo. Dos o tres guitarristas sentados derechos, acompañando a los que cantaban. Todos los hombres de pie, vestidos de limpio, con las camisas blancas bien almidonadas y su copita de vino en la mano… Había panderetas, almireces, palmas…; todos al compás. Y ¡qué compas! Me gustaría poder haber grabado aquel momento que ha sido tan definitivo en mi vida, para que las nuevas generaciones conociesen la raíz de la verdadera sevillana, tal y como era muchos años antes de que apareciera la discografía. ¡Qué alegres, sencillas, desenfadadas, dicharacheras y sensuales eran aquellas tonadillas!

La Santa Cruz de Cristo
¿quién la celebra?
Catalina, la Ambori,
Juana, la Lela.

Cuando se cansaban de cantar, sonaban los tamboriles y las gaitas. El sonido ronco del tambor y agudo de las gaitas, con aires pastoriles y castellanos, hacía que el baile no parara. Tardaría muchos años en comprender de dónde procedía todo aquello que estaba sucediendo ante mí y cuáles eran las raíces de esta música y de este baile que mis ojos contemplaron de niño.

Tanto me impresionó todo aquello que pedí por Reyes una guitarra y me la regalaron; era una guitarra de niño. Y así, aunque mis dedos no daban para mucho, empecé a luchar con acordes y rasgueos.

Un día, de vuelta en Hinojos por vacaciones del colegio donde estaba interno, me senté en el umbral de la puerta de la casa de mi abuelo a tocar aquella guitarrita pequeña, con lo poco que me habían enseñado en el colegio. Y ahí fue donde tuve un encuentro definitivo. Aquel día me topé con Trinidad, la Parata.

Al lado de la casa de mi abuelo estaba la ermita de la Virgen del Valle, que es la patrona de Hinojos, y allí también están el Cristo de la Veracruz y la Virgen de la Esperanza, juntos en la misma ermita.

Trinidad era una señora de más de ochenta años, vestida de negro de los pies a la cabeza: alpargatas, medias tupidas, vestido, toca de lana por los hombros y velo en la cabeza. Era uno de esos lutos *eternos* que se daban en Andalucía. Trinidad se vistió así cuando apenas tenía veinte años porque murió su abuelo. Por los abuelos creo que estaba prescrito un luto de dos años, según costumbre inveterada y aceptada por todos. Pero después murió una tía, y… un añito más de luto. A continuación falleció su madre, y eso eran cinco ineludibles años… Sumando año tras año, se le pasó la juventud y se quedó soltera y vestida de negro. Después, ya no se le murió nadie, pero ¡era tan cómodo y tan económico esto de vestir de luto!, que ¿para qué cambiar de *look*? Con los años se le murió también su padre, y eso sí que era una pena verdadera y un luto para siempre, que aún mantenía cuando yo la conocí.

Trinidad tenía la costumbre de ir todos los días a rezarle al santo Cristo de la Vera Cruz, una devoción hinojera desde la repoblación del pueblo tras la reconquista de Sevilla en el año 1248, en que el rey Fernando III y su hijo Alfonso X le donaron el antiguo Oinogos o Ynoios a setenta y cuatro soldados almogávares y a su capitán, Pero García. A cada uno les dio dos o tres aranzadas de viña, olivar e higueras, y una huerta, como fue costumbre de hacer en el repartimiento del reino de Sevilla.

Yo no había visto nunca a Trinidad, pero, aquel día, ella, al salir de la ermita, me vio tocando la guitarra torpemente. Se me acercó y me dijo que no la estaba tocando bien. La cogió de mis manos, casi quitándomela con violencia, quizás enfadada por mi torpeza infantil, y rasgueó ella unos cuantos acordes. Eran unas sevillanas muy desconocidas y olvidadas por su antigüedad, que me dejaron con la boca abierta.

Trinidad, la Parata, es por tanto mi primer personaje en este recorrido que pretendo hacer. Ella fue la que, en definitiva, me enseñó aquel día, y me enseñaría después muchas de las sevillanas más antiguas que yo he conocido.

Le llamará al lector la atención el mote de la Parata. Ya se sabe que en Andalucía los motes siempre tienen detrás una historia, y es más graciosa la historia que el mote en sí mismo. La Parata viene de ser hija de Antonio Bejarano, el Parato, que nunca consiguió decir la palabra *aparato.* Y todo vino a suceder de una forma muy graciosa. Había en Hinojos una imagen de un cristo románico-gótico que era desde el siglo XV de una devoción antiquísima. Pero, retorcido y escuálido, como son los crucificados de esa época, ya no resultaba atractivo, por lo que quiso la Hermandad de la Vera Cruz sustituirlo por otro y, para hacer tal cosa, vinieron a tomar un consejo de un hacendado que había en el pueblo que se llamaba Francisco Javier de Aguirre y Bernabé.

La gente del pueblo llamaba a Aguirre el Virrey de Guatemala, porque su abuelo, Francisco Javier de Aguirre y Oquendo, había sido capitán general y gobernador de Guatemala antes de la independencia, aunque ellos eran una familia oriunda de Cádiz.

Cómo y por qué llegaron los Aguirre a Hinojos está relacionado con el *camino de invierno* que unía Sanlúcar de Barrameda con Sevilla, y que necesariamente atravesaba la marisma Gallega de los hinojeros, una enorme finca de pastos de doce mil hectáreas que Alfonso X el Sabio regaló al pueblo de Hinojos, que hoy forma parte el Parque Nacional de Doñana.

Pues este *camino de invierno* tiene su porqué en el hecho de que, cuando los barcos no podían remontar el curso del río Guadalquivir por la cantidad de agua que traía en los inviernos lluviosos, se descargaban las mercancías venidas de la Hispanoamérica en Sanlúcar de Barrameda. Fondeados los barcos en la barra, en la misma desembocadura del río, se trasladaba la carga a una larga hilera de mulos y borricos con serones y angarillas que, en caravana, llegaban hasta Sevilla atravesando parte del término municipal de Hinojos.

Podemos imaginar el importante valor de lo que los Aguirre transportaban hasta Sevilla, cuando se valían de los servicios de Cañamero, uno de los últimos bandoleros de Andalucía, que tenía su zona de actuación desde Chucena hasta la sierra de la Pata del Caballo, que es casi el final de nuestra sierra Morena, en el norte de las provincias de Huelva y Sevilla. Cañamero se encargaba, con su partida de hombres a caballo, de que ningún otro bandolero asaltara el convoy.

Todavía en Hinojos hay una calle que los antiguos hinojeros conocían como el callejón de los Phantasmas (fantasmas), situado justo detrás de la casa-palacio de los Aguirre y cerca del cementerio; cuando Cañamero y los de su partida venían a entrevistarse con su *padrino* Aguirre, se disfrazaban con sábanas blancas para asustar a la gente, que huían de los *phantanmas* dejándoles vía libre, lo que ocurría con facilidad, dado el carácter tan creyente de lo paranormal que hay en este pueblo, como yo recojo en mis novelas.

Pues bien, gracias a la desamortización de Pascual Madoz en 1855, los Aguirre se habían quedado con las fincas que tenía la Orden de los Agustinos del Convento del Pópulo de Sevilla en Hinojos: concretamente, Garruchena y el Coto de Gelo. Así justificaban su presencia en este pueblo perdido, aunque la razón verdadera era el control desde Hinojos del *camino de invierno* hasta Sevilla.

Volviendo al tema de la Vera Cruz y del padre de Trinidad, la Parata, Francisco Javier Aguirre, por ser de Cádiz, conocía la existencia de un cristo crucificado, que ya no se veneraba en un convento del Puerto de Santa María. Él les dijo que era una imagen de mucha devoción y una bonita escultura, y les propuso que fuera ese el cristo que trajeran; e incluso pagó al menos parte del precio que costó la imagen.

Como entre Cádiz y Huelva está el Guadalquivir, se previó que el cristo fuera del Puerto a Sanlúcar de Barrameda, para atravesar el río por allí, y cruzando el Coto de Doñana llegarían al pueblo de Hinojos, que está en el mismo límite norte del que hoy es parque nacional.

El pueblo envió a Sanlúcar a una delegación a recoger el cristo y habían previsto que viniera en una carreta tirada por bueyes. Pero una vez que la imagen se cargó en ella y salió del Puerto, vieron que el traqueteo de la carreta por los caminos amenazaba con que la Imagen no llegara indemne al pueblo, que lo esperaba ansioso. Por lo que, llegados a Sanlúcar, el cristo tuvo que quedarse allí mientras buscaban una solución. Esta no fue otra que encargarle a un carpintero que hiciera una estructura de madera, al que llamaron *un aparato,* que evitara que los zarandeos de la carreta rompieran la imagen, de forma que el nuevo Cristo de la Veracruz llegara sano y salvo a Hinojos.

Os podéis imaginar la tristeza de la delegación de hinojeros cuando tuvo que volver a su pueblo sin el cristo y el dolor de toda la población después de tan tensa espera.

Fue entonces cuando el padre de Trinidad, que había sido miembro de la delegación, empezó a contar por todo el pueblo, de casa en casa, que no había por qué preocuparse porque se estaba fabricando un *parato* en el cual se introduciría el cristo para que no sufriera por los golpetazos de la carreta. Al final el cristo llegó a su pueblo, pero a Antonio se le quedó el mote del Parato, y a su hija Trinidad el mismo mote en femenino.

Pues Trinidad, después de dejarme boquiabierto con sus acordes, me invitó a que fuera a su casa en la calle Santiago. Allí me enseñó la guitarra que, antes de los lutos, ella había tocado en la celebraciones y fiestas de Hinojos. Una guitarra de palo santo, con los clavijeros de madera y las cuerdas, aún en buen estado, de piel de gato. Me contó que había habido un profesor, en los años veinte, cuando ella tenía catorce o quince años, que les había enseñado a tocar la guitarra a un grupo de jovencitas, de la cual solamente ella era superviviente. Y me cantó unas, casi ancestrales, de la recogida de la aceituna, tarea agrícola propia del campo del Aljarafe de Sevilla.

Adiós, olivarito de la aceituna,
hasta el año que viene
si das alguna.
Adiós, olivos,
hasta el año que viene
si estamos vivos.

Cogiendo la aceituna
se hacen las bodas,
quien no va a la cogía
no se enamora.
Qué tendrá, mare,
para cosas de amores
los olivares.

Este estilo de sevillana antigua reconozco que me influyó muchísimo y, cuando me dio por componer, intentaba imitar esos sonidos, ese ritmo marcado del compás del tres por cuatro, esas cadencias y esa métrica.

Pero no solo me enseñó las sevillanas que ella sabía, sino que me llevó a algunas casas de otras personas mayores del pueblo que me cantaron algunas de igual antigüedad y que yo grabé en un radiocasete a pilas, de esos que se traían de Canarias, que me habían regalado mis padres. Después de casi cuarenta años de aquello, grabamos un CD con aquellas sevillanas reliquias de los años veinte para que no se perdieran: *Así canta nuestra tierra por sevillanas.* Una producción de la Obra Social de la desaparecida Caja de Ahorros San Fernando de Sevilla, en la que colaboraron muchos artistas de forma gratuita.

Echando la vista atrás, comprendo que Hinojos y el Aljarafe sevillano, igual que la comarca del Andévalo en Huelva o Lebrija y otros pueblos semejantes fueron el recipiente donde se conservaron sevillanas o *seguidillas* antiquísimas que, por tradición oral, llegaron hasta los años sesenta, que son los años de mi niñez, en los que comienza la discografía y la composición de muchísimas sevillanas, llamémoslas, *modernas.*

Porque nuestra actual sevillana tiene su origen en esta forma de baile y cante que existía por toda España que es la seguidilla; y, aunque pueda parecer que la cuna del género está en Andalucía, la seguidilla nació en León y en ambas Castillas. Y, ya en el Siglo de Oro, tenemos noticias muy precisas sobre su existencia como ahora veremos, y de su antecedente, que fueron las jarchas hispano-hebreas de los siglos XI y XII, según algún autor afirma, como Tomás Navarro Tomás, que fue un filólogo, bibliotecario e intelectual español, director de la Biblioteca Nacional durante la Segunda República.

Será, por tanto, la reconquista la que traiga a Andalucía esta forma de cantar y bailar en Castilla, ancestro de nuestras coplas por sevillanas.

Reconquistadas Sevilla en 1248 y Niebla en 1262, se procede al repartimiento de los territorios conquistados y también a la descripción de estos. La impronta que los repobladores le van a dar a nuestros territorios es importantísima, y tenemos datos muy detallados, incluso prolijos, de quienes repoblaron todos y cada uno de los territorios.

No quiero que por ser minucioso el lector caiga en el aburrimiento, pero sabemos que lo más antiguo que conservamos, musicalmente hablando, en las provincias de Sevilla y Huelva son los toques del tamboril.

Hay dos focos donde el tamboril y la gaita *jurdana* (o gaita de tres agujeros), que hoy todo el mundo asocia al Rocío, se han conservado desde hace siglos. Uno, el Andévalo de Huelva, que fue repoblado por leoneses. Otro, en la provincia de Sevilla: el pueblo de Villamanrique, cuna de tamborileros.

Por centrarme en uno de estos dos territorios, sabemos que Mures, el actual Villamanrique de la Condesa, se les entregó a veinte monteros del rey Alfonso X, que se había reservado cerca de allí un coto de caza de doce mil hectáreas, que es el Coto del Lomo del Grullo, que hoy conocemos como Coto del Rey. Estos monteros eran todos ellos castellanos. Pero también la Orden de Santiago recibe en Mures la

Xara de Mures, un territorio de casi mil hectáreas, con la obligación de mantener una galera real.

Precisamente por eso, Mures-Villamanrique no va a pertenecer eclesiásticamente a la Archidiócesis de Sevilla, sino al Priorato de San Marcos de León, que era el brazo religioso de la Orden de Santiago.

Este priorato, o prelatura personal a cuyo mando estaba un obispo, tiene su sede en la Iglesia de San Marcos en León y pone bajo su jurisdicción los lugares conquistados por la Orden de Santiago. Tiene un Vicariato de Llerena (Badajoz) y un Provisorato en Villanueva del Ariscal (Sevilla) al que pertenece Villamanrique-Mures.

Esto puede parecer extraño, pero se puede observar como en Huelva hay muchos pueblos que unen a su nombre principal el calificativo *de León*: Segura de León, Calera de León, Arroyomolinos..., todo ello consecuencia de que fueron arrebatados a los almohades por su gran maestre Pelayo Pérez Correa, que también reconquistó el Aljarafe.

Fue de esta forma que, por la influencia leonesa, llegaron a nuestra tierra lo que hoy conocemos como el *tambor del Rocío* y la *gaita de tres agujeros*: *gaita jurdana*. Estos instrumentos tienen su cuna en la comarca leonesa de la Maragatería, donde aún pueden verse, y un foco importante en Villamanrique.

El uso de estos en oficios religiosos y procesiones está muy documentado. Los profesores Manuel Carrasco Díaz y José Zurita Chacón destacan la abundante documentación que existe en el Archivo Parroquial de Santa María Magdalena de Villamanrique desde principios del siglo XVI, donde se recoge cómo los tamborileros acompañaban la procesión del Corpus, lo que cobraban y lo que tocaban.

Desde Villamanrique el tamboril y la gaita llegaron a la romería del Rocío, pues es sabido que los manriqueños peregrinaban a aquella aldea, desde los tiempos en que la Virgen del Rocío fue hallada en el tronco de un árbol a principios del siglo XIV.

Estos autores, en su *Historia de Villamanrique*, establecen una zona desde la que se extiende el uso del tamboril. El Camino de Santiago, de este a oeste, y la Ruta de la Plata, de norte a sur, se cruzan en la comarca leonesa de la Maragatería; desde allí parece haberse propagado por toda España. Y, efectivamente, hay varios puntos de la Ruta de la Plata donde existe el mismo instrumento que nuestro actual tamboril rociero, como por ejemplo en la comarca extremeña de las Hurdes.

Los toques manriqueños con sabor ancestral, y ya extendidos por todas partes, son *El paso carreta* y *El alba*, que cualquiera puede encontrar en internet para disfrutar de ellos. Pero, además de Villamanrique, también hay otros lugares importantes como la comarca del Andévalo en Huelva, repoblada por castellano-leoneses. Allí encontramos el sorprendente *fandango parao*: un baile y un toque completamente medievales que se pueden ver en las fiestas de San Juan en Alosno (Huelva).

Por otra parte, todos los pueblos situados entre los antiguos reinos de Sevilla y Niebla, como Hinojos, La Palma, Paterna, Escacena, Villalba, Bonares..., fueron repoblados por soldados almogávares para proteger la frontera entre ambos reinos. Estos soldados son todos de origen castellano manchego, como recoge pormenorizadamente el profesor Julio González en su libro *Repartimiento de Sevilla*.

Curiosamente en todos estos pueblos aún se celebra la Cruz Florida, con la tradición de ir al campo a recoger romero para ofrecérselo a la cruz, y también tienen su toque propio, quizás menos medieval, que es el Romerito.

Este inciso que hemos hecho sobre el tema de los toques de nuestros tamboriles es para situarnos en que, al igual que el tamboril y la gaita, las seguidillas tienen un origen castellano que se sitúa en el Siglo de Oro español, con el antecedente lejano de las jarchas hispano-hebreas de los siglos XI y XII, como hemos dicho.

Tenemos que tener en cuenta que la seguidilla es una composición literaria, a la que se pone música y que suele ser bailada. Tan solo contamos con una representación tardía de cómo era el baile, en el cuadro de Goya titulado *El baile a orillas del Manzanares*, y, casi coetáneo a este cuadro, un grabado anónimo del siglo XVIII titulado *Seguidillas boleras.*

Parece ser que la denominación *seguidilla* aparece por primera vez en el *Guzmán de Alfarache* de Mateo Alemán (1599), donde se afirma que «las seguidillas arrinconaron a la zarabanda».

Pero una descripción mucho más precisa la encontramos, por esos mismos años, en un curioso libro que tiene por título el *Cisne de Apolo* de Luis Alfonso de Carvallo (año 1602). Este libro es una especie de *manual para poetas*, en el que se definen y se describen cómo deben ser, desde un punto de vista académico, las diferentes composiciones poéticas. Allí se lee:

Hay estancias de dos versos que tienen las consonancias continuas, y llámanlas seguidillas porque se suelen seguir unas de otras, aunque cada una ha de perficionar en sí la sentencia y concepto, sin pasar ni quedar pendiente a las demás. Suélense cantar muy comúnmente. Sea esta del Santísimo Sacramento un ejemplo:

Hoy se cubre y tapa
debajo un velo,
el que cubre tierras,
mares y cielo.

Nos está diciendo que son seguidillas, porque se canta una detrás de la otra. Y tienen que perfeccionar en sí la sentencia; es decir, tienen que contar o decir algo concreto y acabar de decirlo antes de pasar a la siguiente copla.

También vemos como ya la seguidilla, en esta época, se compone con cuatro versos de siete, cinco, siete y cinco sílabas cada uno. En siglos posteriores veremos seguidillas de siete versos.

Para mí, de esta misma época, mucho más bonitas y conocidas son las seguidillas de Lope de Vega (1562-1635) que muchos de los lectores habrán escuchado o leído:

Ay, río de Sevilla
qué bien pareces,
lleno de velas blancas
y ramas verdes.

La Macarena y todo
lo traigo andado
cara como la tuya
no la he encontrado.

Tan populares se hicieron en la España del Siglo de Oro que no hay obra teatral en la que los actores no canten o reciten algunas; tanto que se hizo de uso obligado que toda representación contara con la que se dio en llamar la *tonadilla escénica.* Y en forma de seguidilla van a escribir poemas santa Teresa y san Juan de la Cruz, entre otros clásicos.

Refiriéndonos a su forma musical, aun siendo netamente populares, la música clásica la hace suya como lo vemos en *El fandango,* del Padre Soler, en Albéniz en su *Suite ibérica,* donde curiosamente subtitula como *Seguidillas* su pieza *Castilla.* Y de ahí, esa forma de interpretarlas a piano pasará a nuestras zarzuelas, como se puede escuchar en *La verbena de la Paloma,* de Tomás Bretón, e incluso en el acto primero de la ópera *Carmen,* de Bizet. Y en algunos movimientos de la *Fantasía para un gentilhombre* o del *Concierto de Aranjuez* de Rodrigo.

Recuerdo que en la época en que Trinidad, la Parata, me enseñaba sevillanas antiguas, la escuché cantar una que decía:

La Virgen del Rocío tié (tiene)
en su camarín
más oro y más diamantes
que el Rey en Madrid.

Esta forma de seguidilla-sevillana tiene la peculiaridad de que la última sílaba de los versos segundo y cuarto está acentuada, lo cual no es habitual. Me pareció que debía ser una copla muy antigua y pasados los años encontré en el *Quijote* una parecida, que recoge Cervantes en la parte segunda de su universal novela, en el capítulo XXV. El texto dice:

Con esto dejaron la ermita y picaron hacia la venta, y a poco trecho toparon un mancebito que delante dellos iba caminando no con mucha priesa…; iba cantando seguidillas para entretener el trabajo del camino; cuando llegaron a él, acababa de cantar una, que el primo tomó de memoria, que dicen que decía:

A la guerra me lleva
mi necesidad.
Si tuviera dineros,
no fuera, en verdad.

El paralelismo entre ambas seguidillas es muy claro al estar acentuadas de la misma forma, y nos da idea de la antigüedad de la letra que me cantaba Trinidad.

Para acabar este tema debemos plantearnos si la *seguidilla castellana* sigue viva y coexistiendo con nuestras actuales sevillanas, y puedo decir que sí, que se siguen cantando en muchos pueblos de Castilla y de Extremadura, y concretamente en Jarandilla de la Vera he asistido a una reunión de amigos en la cual se cantaron y bailaron esas seguidillas, ancestro de nuestras sevillanas.

¿Puede alguien sorprenderse, después de todo lo dicho, de que las sevillanas hayan triunfado en toda España, y que haya por todo el territorio español locales donde se cantan y escuelas donde se enseñan? No es de extrañar, porque es muy normal en la música popular que exista un camino de ida y otro de vuelta. Y nuestras sevillanas andaluzas están volviendo a todos los lugares de nuestra bendita tierra española, lugares de los que partieron hace varios siglos.

Pero ahora debemos seguir mi recorrido vital por las calles de Hinojos, para intentar completar este mosaico de aportaciones que conformaron mi mundo creativo.

Yo seguía haciendo progresos con mi guitarra, y cantaba yo mismo, y le cantaba a todo el que quisiera oírme, las coplas que iba aprendiendo de unos y otros por Hinojos y los pueblos de los alrededores, como Aznalcázar, Almonte, Villamanrique…; pues fue como tirar del hilo de una madeja; uno que me cantaba una copla, me hablaba de otro que sabía otras muchas, y así seguí conociendo y ampliando mi zona de interés. Hay que tener en cuenta que todo esto sucedía cuando ya había comenzado la discografía y se habían grabado discos con sevillanas de *nuevo cuño* de autores e intérpretes de los que después hablaremos. Pero a mí me seguían interesando todas aquellas reliquias musicales de la antigüedad, por eso iba y venía con mi guitarra de un sitio para otro.

Aunque tocaba la guitarra, lo que de verdad me atraía era el piano, por la musicalidad que puede llegar a tener, y quizás debido a que, de vez en cuando, unos gitanos errantes venían a Hinojos y pedían limosna tocando un pianillo; es decir, para los que no sepan lo que es un pianillo, una máquina o aparato que dándole vueltas a una manivela tocaba piezas musicales predeterminadas. Me tenía que conformar con eso, porque el piano de mi casa estaba cerrado con llave, y yo tenía prohibido tocarlo después de una tragedia que ocurrió y os contaré después.

Ahora los gitanos se han vuelto sedentarios, gracias a muchos años de viviendas sociales de protección oficial y al ritmo de la vida moderna, y ya no existen aquellos gitanos nómadas que iban en sus carromatos de pueblo en pueblo; pero cuando yo era niño era normal verlos aparecer de vez en cuando.

Cuando la caravana trashumante de las gentes de la raza calé llegaba a Hinojos, acampaba en el Rodeo, una extensión de tierra libre cerca del cementerio, o en unas higueras que había al final de El Valle, que no se sabía a quién pertenecían. Nadie quería dejar su tierra para que allí sentaran sus reales los gitanos, para que no les hicieran cómplices y responsables de los robos de gallinas y otras *desapariciones* que solían ocurrir durante su visita, no por cómicas menos desagradables.

El padre de mi abuelo Feliciano, Curro Pérez, según me contaron, se apiadaba de ellos y les dejaba el Olivarito de San Sebastián, pegado a la ermita de la Virgen del Valle, y allí se iba a escucharlos cantar o a hacer algún trato con ellos. Pero eso yo solo lo conocí de oídas.

Pero yo sí los vi llegar muchas veces. Venían en unos carros cubiertos con lonas y hacían sus hogueras para calentarse del frío y cocinar en unos calderos que ponían en las fogatas. Y, como se dedicaban al trato de ganados, traían por delante un montón de mulos, caballos y burros que los dejaban trabados por la zona en la que acampaban.

La gente se preocupaba, como he dicho, cuando los gitanos llegaban porque desaparecían gallinas y pavos y algún cerdo, que ordinariamente estaban sueltos por las calles del pueblo. Sobre todo el pobre cochinito de San Antonio, que era un animal que todos los vecinos mantenían, dándole los desperdicios de las comidas o una medida de maíz o de trigo, y que se mataba en noviembre para destinar lo obtenido al cepillo del santo para limosna de los pobres. Este cochinito muchas veces no llegó a noviembre, porque alguien lo robó aprovechando que el animal siempre estaba suelto por las calles del pueblo. Pero, de ordinario, los gitanos traían su industria y se ganaban la vida como podían: pelando borricos, vendiendo zarcillos de filigranas de plata y cosas por el estilo.

Recuerdo de niño ver a mi madre cambiarles a unos gitanillos una hogaza de pan por unos molinillos de viento hechos de papel de colores vivos con los que los niños jugábamos.

Había también gitanos canasteros, que vendían canastas de mimbre de todas clases.

Esta progenie de gitanos canasteros tiene costumbres muy especiales; se vanagloriaban de no haber cogido nunca una carretera, porque ellos se desplazaban siguiendo los cauces de arroyos y ríos, yendo por sus riberas, cortando varas de las mimbres que crecen en sus orillas y acampando debajo de los puentes. De ahí la expresión de *vivir debajo de un puente,* como descripción del estado de absoluta pobreza. Pero ellos, lo puedo asegurar, no se sentían pobres ni vivían tristes; es más, eran los más flamencos de todos en el cante y en el baile. Tenéis por ejemplo a la familia del bailaor Farruquito, que son gitanos canasteros.

Pues a Hinojos llegaban los gitanos canasteros por el arroyo de Pilas, que es afluente del Guadiamar, y este a su vez del Guadalquivir, y acampaban debajo de un puente de piedra que ya ha desaparecido, en el arroyo del Algarve.

Estos solo vendían canastos de mimbre, pero los otros de otras familias o clanes destacaban por oficios propios de ellos como pelar burros y mulos, arreglar con estaño fundido los desconchones de las vasijas de cobre o de hojalata… Otras veces eran las gitanas las que venían vendiendo, cintas de colores, redecillas de madroños, tiras bordadas o blondas de encaje.

Memorable fue aquella vez que trajeron un oso amaestrado y lo pasearon por las calles de Hinojos pidiendo dinero en un platillo a los que se acercaban a verlo. Fue una gran novedad, porque, otras veces, solo habían traído una cabra amaestrada que, al son de una trompeta y un tambor, subía con dificultad a lo alto de un montón de sillas apiladas. El oso era una atracción de un gran circo, decían todos. Aunque se terminó por preferir a la cabra, porque el oso se pasó las noches gruñendo mientras los vecinos lo escuchaban aterrorizados desde sus camas; aunque yo creo que el oso no gruñía por agresividad, sino que más bien lloraba de pena, porque echaba de menos los montes de Asturias, donde, seguramente, lo apresaron los gitanos. Así también somos los humanos que, cuando estamos lejos de la tierra que nos vio nacer y la que amamos más que nada en el mundo, nos da por llorar o por cantar con nostalgia a todo aquello que nos falta.

Pero, como os decía, lo que a mí me gustaba de aquellos gitanos que de vez en cuando aparecían a acampar en Hinojos era el pianillo, con el que pasaban por las calles haciendo sonar pasodobles, chotis, tangos y sevillanas antiquísimas. ¡Qué bonitas aquellas sevillanas de pianillo!

Las vecinas se acercaban a escucharlas y les daban una perra gorda, que era la décima parte de una peseta, para que lo hicieran sonar, y pedían al gitano que accionaba la manivela que tocara unas sevillanas. Yo observaba como ellas marcaban con los pies los pasos queriéndose echar a bailar, aunque se contenían por parecerles impropio del momento y el lugar; porque las sevillanas antiguas no sé qué tenían que empujaban a bailar.

Pues yo me obsesioné de tal forma con el pianillo que todos los años le pedía a los Reyes Magos que me trajeran uno que, por supuesto, nunca me traían; aunque mi padre me contó que llegó a tener localizado uno en el pueblo de Camas para regalármelo. Pero mi pena duró poco, porque por fin llegué al internado y allí había muchos pianos que fueron mi delectación, ya que la tapa del piano de mi casa estaba cerrada a cal y canto.

Hay piezas musicales a las cuales se le asigna un, digamos, mal fario, como si una maldición pesara sobre ellas, porque están asociadas a grandes desgracias o porque interpretarlas conlleva un presagio de acontecimientos nefastos. Pongo como ejemplo el tango *Adiós, muchachos compañeros de mi vida,* que siempre que se canta parece que posteriormente ocurren grandes infortunios y de los que el tango es como una fatal predestinación.

Pues, en mi familia, pasaba algo igual con el preludio de la zarzuela *El anillo de hierro*, de Pedro Miguel Marqués. Esta pieza musical, al menos en mi parentela, ha producido estragos enormes, o al menos eso es lo que nos contaban.

Mi abuela, Manuela de Vera, tocaba el piano bastante bien y al mismo tiempo era diabética, aunque ella no lo sabía ni se trataba la enfermedad. Ambas cosas tienen relación, aunque no lo parezca, como explicaré.

Un veintiuno de diciembre de 1960, después de almorzar, en la sobremesa, se sintió con ganas de tocar el piano y eligió la nefasta partitura de *El anillo de hierro.* Todavía no sabemos cómo, sabiendo el peligro que corría, tocó durante seis minutos continuos ese apasionado y sentimental preludio, pero, antes de acabar, se sintió cansada y se retiró a dormir la siesta; siesta de la cual nunca despertó, puesto que se la encontraron muerta en la cama a las pocas horas.

Mi abuelo, cuando ya la tenían amortajada y de cuerpo presente, se preguntaba en voz alta por qué a su pobre esposa se le había ocurrido tocar *El anillo de hierro,* cuando ya un tío suyo que era organista en el pueblo en Chucena murió después de haberla interpretado; y todavía recordaba que una prima lejana, por la parte de los Vera, que tocaba el piano estupendamente, también se le paró el corazón y murió a las pocas horas de haberla tocado.

Así quedó establecido, sin que se tuvieran en cuenta el parte médico de defunción, que la muerte de mi abuela había sido causada por su piano.

Después se supo que mi abuela, por ser diabética, sentía una atracción fatal por los pasteles, y que tenía la costumbre de decir que se retiraba para dormir la siesta, para, por la ventana de su habitación, comprar a escondidas de todos, a un pastelero que venía por las calles con un canasto vendiéndolos, todos los que le apetecía. Esta sería una segunda causa probable de su muerte, al haberse encontrado algunos envoltorios y restos de pasteles sobre la cama en la que murió. Con lo cual nunca sabremos si ella murió de haber tocado *El anillo de hierro,* que es una pieza musical como muy apasionada y sentimental, o de una sobredosis de azúcar como consecuencia de su diabetes. Pero la decisión ya estaba tomada por mi abuelo. ¡Los culpables eran el piano y la pieza maldita! Y su sentencia fue que el piano sería condenado a no sonar nunca jamás en la casa de los Pérez Vera, y con una llave se cerró la tapa de forma que nadie podría nunca correr semejante peligro. Así recuerdo el piano en aquellos años de mi niñez: siempre cerrado bajo llave y con la prohibición absoluta de abrirlo y tocar.

La muerte de mi abuela, además, estuvo marcada por otra cosa fatídica que sucedió, porque, el mismo día en que ella murió, a mi madre, del susto, se le adelantó el parto y a punto estuvo de perder el niño. El médico no estaba en el pueblo y la comadrona, doña Gertrudis, tuvo que emplearse a fondo, mientras toda la familia se repartía entre los dos eventos: unos, velando a mi abuela, y otros, detrás de la puerta de la habitación donde mi madre estaba dando a luz. Finalmente nació mi hermano Juan Rafael, que no paró de llorar en varios días desarrollando, nada más nacer, esas maravillosas cuerdas vocales de las que aún disfrutamos. Que el niño no dejara de llorar hundió a mi abuelo en oscuras consideraciones y fue una razón más para condenar *ad aeternum* al maldito piano y que jamás sonara en la casa.

Pero cuando yo tenía diez años, como ya tocaba un poco de piano en el colegio, decidieron darme la llave y perdonar al pobre instrumento, después de nueve años de haber estado cerrado a cal y canto.

La apertura del piano fue una gran ceremonia. Mi abuelo, que ya era muy mayor, no pudo oponerse porque todos querían volver a escucharlo. Se emocionó al abrirlo para que yo lo tocara y, además, tuvo a bien entregarme unas partituras que fueron todo un descubrimiento para mí. Eran unas partituras fechadas en el año 1890, amarillentas y ajadas, de cuatro sevillanas dedicadas cada una a un torero de la época: Mazzantini, Frascuelo, Lagartijo y Guerrita. Su música, inolvidable para mí, es la prueba de que ya a finales del XIX la sevillana estaba definida tal y como lo están en la actualidad. Eran cuatro sevillanas, cada una dividida en tres partes de diez compases, estando cada parte separada por dos compases, que se aprovechan para las pasadas que se dan en el baile.

¿Qué había ocurrido con la seguidilla castellana? ¿Cómo se había convertido en esto? ¿Cómo enlazamos el cuadro de

Goya de *El Baile a orillas del Manzanares* con estas partituras de finales del siglo XIX?

Sabemos que a la nobleza le dio por vestirse con los trajes populares, que *el tipismo* dominaba los salones elegantes durante la invasión francesa, que la duquesa de Alba se hizo retratar por Goya vestida de maja, que la reina Isabel II inaugura el puente de Triana en 1852, sin llevar corona y con un mantón de manila sobre los hombros, en un alarde de casticismo, y hace que el pueblo invente una sevillana:

Por el puente Triana
pasa la reina.
No llevaba corona
en la cabeza,
pero llevaba
un mantón de Manila
que le arrastraba.

Sabemos que la reina vistió así porque lo cuenta Gustavo Adolfo Bécquer en uno de sus diarios. A él no le interesaba describir aquella inauguración, pero allí, en el puente, se encontró con la muchacha de la que estaba enamorado y lo relata todo con sensibilidad. Ella era aquel amor imposible que vivía en la calle Santa Clara de Sevilla, frente al Palacio de los Santa Coloma; ... aquella jovencita cuyos cristales golpeaban en su vuelo las golondrinas que, a centenas, anidaban bajo los aleros de aquel palacio.

Entonces, para establecer un nexo de unión entre ambas épocas y hacernos una idea de lo que estaba pasando con nuestras sevillanas en esos años de mediados del siglo XIX, tenemos que acercar nuestra mirada a los cafés cantantes de esa época, y concretamente al que tenía en la calle Rosario Silverio Franconetti.

Silverio es para mí el padre del flamenco actual. Antes de él, y de los cantaores que él supo localizar y dar a conocer, no sabemos a ciencia cierta cómo era el flamenco y de dónde procedía.

Su padre fue Nicolás Franconetti, natural de Roma y antiguo jefe de la Guardia Valona, un cuerpo escogido de infantería española, con origen en la época en que los Países Bajos formaban parte del Imperio español. Su madre, María Concepción Aguilar, natural de Alcalá de Guadaira (Sevilla). Siendo niño, su familia se trasladó a vivir a Morón de la Frontera, donde comenzó siendo sastre en una tienda que regentaba su hermano. Silverio frecuentaba las fraguas de los gitanos, y sabido es que al compás de los martillos sobre el yunque nació *la toná*, que es el origen de todo el flamenco actual. Aunque él había accedido a los estudios elementales y había comenzado a dedicarse al oficio de sastre, en la tienda que regentaba su hermano mayor, en una de estas fraguas de Morón de la Frontera, conoció al Fillo, un gitano octogenario depositario e intérprete de cantes antiquísimos, que aprendió y difundió Silverio. Pero dejemos la vida de Silverio, su oficio de picador, su vida en Argentina, para situarnos en el momento en el que abrió en la calle Rosario de Sevilla un café cantante.

Se conservan los carteles de sus espectáculos, antes de que le cerraran el local los vecinos por alteración del orden público. En esos carteles aparecen, al lado de los intérpretes de la soleá, las seguiriyas o las alegrías, los *bailes de palillo*; es decir, nuestras sevillanas. Pero no sabemos cómo se cantaban y bailaban.

La música hemos de pensar que sería semejante a las de las partituras que yo tenía en mi casa con fecha de 1890. Silverio murió en 1889 y su café cantante se inauguró en 1870, por eso es de suponer que estos *bailes de palillos* se ejecutaran acompañados de una música similar.

Para muchos el café cantante de Silverio en la calle Rosario fue el primero que se abrió en Sevilla. Aunque el cantaor Fernando el de Triana (1867-1940), en sus memorias, cita el café de Los Lombardos, inaugurado en 1842, que sería el pionero.

Citar aquí a Silverio nos lleva al controvertido tema de si la sevillana es o no un palo del flamenco.

Blas Infante tiene una obra muy desconocida que se titula *Orígenes de lo flamenco y secretos del cante jondo*, escrita en los años veinte y editada por primera vez en 1980.

Según él, la palabra *flamenco* deriva del árabe *felah-mengus* y significa «campesino errante» o «el cantar de los que nada tienen»; es decir, tiene un origen árabe que en nada se relaciona con la seguidilla castellano-manchega que hemos visto. Pero Manuel de Falla, por su parte, encuentra unas partituras de *cantos bizantinos* que según él eran el ancestro de nuestro cante jondo, y observa importantes similitudes entre algunos cantes flamencos y las salmodiales judías que se cantaban en las sinagogas, y con algunas canciones populares mozárabes.

En ese caso, el *cante jondo* sería una forma de cante que estaba en la península ibérica junto con la *seguidilla* (que procede a su vez de la jarcha hispanoárabe), pero con orígenes o raíces distintas.

Hay algún historiador, como José Repollés Aguilar, que en su Historia de España cuenta que el origen de la jota está en un árabe que fue castigado a prisión por amar a una cristiana y lo encerraron en una torre. Este hombre, que se llamaba Jot, cantaba durante su prisión su tristeza por estar separado de su amada, expresándola en un cante que fue el origen de la jota.

Otra teoría sobre el origen del flamenco es la que mantiene que no tiene una raíz árabe, sino gitana.

Por deducción lógica, si el cantaor más antiguo que se conoce, el Fillo, es un gitano de Morón de la Frontera, la raíz del flamenco es *la toná, la seguiriya* y *la soleá*, y las interpretaciones más antiguas de esos cantes, de las que se tienen noticia, están ejecutadas por cantaores gitanos, el origen del flamenco estaría en el pueblo gitano.

Pero no olvidemos que los gitanos entraron en España por Aragón en 1425, con permiso de su rey ante una petición de unas familias que estaban asentadas en el Rosellón francés. Esto parece que es algo tarde para poder obviar que hay vestigios del flamenco muy anteriores a esa fecha, como son las salmodiales de la cultura judía, los cantos musulmanes y las canciones populares mozárabes.

El supuesto origen del flamenco en la fragua gitana en Triana quizás sea la teoría que más adeptos tiene, y yo solo la cito para que la investigue quien le interese.

Según sus defensores, se produce en la época de los Reyes Católicos una expulsión de los gitanos del barrio de Triana que eran herreros. Estos salen de Sevilla camino hacia Cádiz, pero se van dispersando por el camino, Utrera, Lebrija, Jerez…, hasta llegar a Cádiz, lugares donde se asientan y donde hoy hay una tradición flamenca importante con raíces muy antiguas.

Dejemos el asunto aquí porque a veces es más apasionante ignorar que esclarecer, ya que la incógnita hace más atractivos los asuntos. Lo cierto es que, aunque el origen de una y otro sean diferentes, hoy día la sevillana se *aflamenca* de una forma que hace pensar que se trata de un palo del flamenco, y así lo consideran muchos. Pero las palabras de Manuel Machado están ahí, y a la hora de definir los cantes dice: «Sevillana es la copla»… Si es copla no es flamenco. Pero más adelante comentaremos estos versos de Machado.

Volviendo al café cantante de Silverio, hemos decidido que la música de esos *bailes de palillos*, probablemente era muy parecida a la de las partituras de piano que había en casa de mi abuelo. Pero ¿cómo sería el baile?

Para hacernos una idea de eso, tenemos que acudir a otro personaje de aquellos tiempos: José Otero Aranda, *el Maestro Otero*, que nació en Sevilla en 1860 y murió asesinado en la misma ciudad en 1930.

Otero era bailarín de baile clásico español y bailaor de flamenco. Fue discípulo del Maestro Alonso y de Amparo Rodríguez Álvarez, llamada la Campanera por ser hija de un campanero de la Giralda.

Desde muy joven bailó en cafés cantantes y en salones de Sevilla, y con treinta y dos años abrió su propia academia de baile, de ahí que fuera conocido como Maestro Otero.

Su fama era tal que, cuando en 1910 vino a Sevilla el maharajá de Kapurtala, Jagatjit Singh Sahib Bahadur, fue el elegido para bailar para él, en una fiesta memorable que se dio en el Alcázar de Sevilla.

Este maharajá parece ser que era un enamorado del baile flamenco y terminaría casándose con una bailaora malagueña, Anita Delgado, que pasó de bailar en el Kursaal a convertirse en maharaní de Kapurtala; pero esa es otra historia.

Lo cierto es que Otero era un gran bailaor al que invitaban a bailar en los salones, cuando venían a Sevilla turistas extranjeros importantes, y que viajó mucho al extranjero con su arte, conociéndose que bailó en la Exposición Universal de París y en la fiesta que se dio con motivo de la coronación de Jorge V como rey de Inglaterra.

Pero no sería importante para nuestro relato si no hubiera escrito en 1912 su *Tratado de bailes de sociedad, regionales españoles, especialmente andaluces: con su historia y modo de ejecutarlos.*

Ahí encontramos nuestro actual baile por sevillanas, descrito paso por paso, desde la primera a la cuarta y las cuatro sevillanas boleras, que ya nadie baila.

Estamos, por tanto, en los primeros años del siglo veinte, y nuestra antigua seguidilla castellana se ha trasformado y enriquecido de una forma admirable, en la Sevilla de las academias de baile, de los salones, de los cafés cantantes...; en las casetas de la incipiente feria de Sevilla, en las cruces de mayo, en las romerías de los pueblos...

De esta época tenemos un testimonio gráfico importante y maravilloso, y es un cuadro de Sorolla titulado *Sevilla. El baile.*

La historia de este cuadro, importante para nuestro estudio, es muy interesante y nos puede dar una idea de la atracción que produce en el mundo, a principios del siglo XX, todo lo hispano, tanto que se han dado en llamar a esos años la Edad de Plata, por la altura y significación de la producción cultural en pintura, literatura, filosofía y ciencia que se da en España en esos años de principios del siglo XX.

Para entender el porqué de ese cuadro, nos tenemos que situar en el Nueva York del año 1904. Archer Milton

Huntington, gran admirador de la cultura hispánica, funda la Hispanic Society of América, dotándola de un edificio magnífico en el Alto Manhattan, al oeste de Broadway, entre las calles 155 y 156, estando dedicada su primera exposición pictórica a Joaquín Sorolla y Bastida.

Fue tal el éxito de la muestra, unido a la admiración de Archer por Sorolla, que ambos firman un contrato por el que el pintor valenciano se compromete a realizar para la Hispanic Society una serie de cuadros con temas representativos de la cultura española.

Sorolla plasmó su trabajo en catorce lienzos pintados al óleo, de gran tamaño, que aún pueden verse en el Museo de la Hispanic, con escenas de la vida y costumbres más representativas de algunas regiones de España. Cinco de ellos están dedicados a Andalucía. Tres son relativos a Sevilla: *Los nazarenos* (1914), *El baile* (1915) y *Los toreros* (1915). Para la escena *Sevilla. El baile* se inspiró en la fiesta de las Cruces de Mayo, donde grupos de jóvenes, especialmente muchachas, bailan y cantan ante el altar dedicado a la Cruz; altares que se levantaban en muchas casas y corrales de vecinos, como conté que se hacía en Hinojos en El Cerrillo.

En el cuadro podemos observar cómo es el vestido de las mujeres, el ambiente de la fiesta, la decoración del patio, el exorno de la cruz, los instrumentos que están tocando para acompañar el baile...; en fin, una maravilla de documento que, además, nos demuestra que, poco o nada, ha evolucionado nuestra sevillana desde entonces.

De esa misma época contamos con una definición de lo que es una sevillana, que antes apunté; una definición que contrasta con la que, tres siglos antes, el *Cisne de Apolo* de Alfonso de Carvalho ha hecho de la seguidilla. Esta definición la hace Manuel Machado en su libro *Los cantares* de 1906 y dice así:

Sevillana es la copla
graciosa y tierna
donde hasta las palabras

danzan y juegan.
Cuerpo de avispa
que sabe que se muere
si acaso pica.

Graciosa, tierna, palabras que danzan y juegan, cuerpecito de avispa ligero y pequeño... Este ha sido mi ideario desde mis inicios como compositor. No digo que no haya escrito sevillanas larguísimas, como la *Oración rociera* o *El Rocío que yo quiero*, pero la sevillana sigue gritando desde su historia: «¡No me hagáis esto!»... Culebrones, letras larguísimas, sin chispa ni poesía...; músicas monótonas. De la sevillana se han hecho *dueños* una serie de intérpretes, autores y discográficas que han arruinado el género a base de mala calidad, zafiedad y temáticas que no conectan con el pueblo que las tiene que hacer suyas, porque la vocación de la copla es ser del pueblo. Así lo dice en los años veinte Manuel Machado:

Hasta que el pueblo las canta,
las coplas, coplas no son,
y cuando las canta el pueblo,
ya nadie sabe el autor.

Tal es la gloria, Guillén,
de los que escriben cantares:
oír decir a la gente
que no los ha escrito nadie.

Procura tú que tus coplas
vayan al pueblo a parar,
aunque dejen de ser tuyas
para ser de los demás.

Que, al fundir el corazón
en el alma popular,
lo que se pierde de nombre
se gana de eternidad.

Ahora después os contaré cómo conseguimos llevar la sevillana a su edad de oro, en la década de los ochenta. Algo que parece imposible que se vuelva a repetir. Pero sigamos con mi historia.

Todos estos datos que estoy dando los he ido recopilando a lo largo de mi vida, llevado por el único hilo conductor de mi afición hacia las sevillanas. Pero tengo que reconocer que, ya desde los años de mi niñez en Hinojos, tuve contacto con estos primeros del siglo veinte de los que estoy escribiendo, gracias a las coplas y a las historias que me contaban Trinidad, la Parata, y otras personas octogenarias con las que hablaba. Pero el hallazgo más importante de estos años tuvo lugar en la casa de un familiar mío muy cercano.

Mi abuelo Feliciano tenía una prima que se llamaba Carmen, guapa y riquita, que, después de haber despreciado decenas de buenos pretendientes, sorprendió a sus padres diciéndoles que se había enamorado del sochantre de la Parroquia de Santiago el Mayor, de Hinojos. Muchos de los lectores no sabrán lo que es un sochantre, pero es una especie de colaborador seglar del párroco; se reviste con sotana y casulla, toca el órgano y canta las oraciones en latín; y puede ser o no, al mismo tiempo, el sacristán de la iglesia. Pues el sochantre de la Parroquia de Hinojos era Antonio Rodríguez, el Mellizo. Omito esta vez la historia del mote el Mellizo, porque es fácil adivinar.

Una de las cosas que más repugnaba a los padres de Carmen del enamorado de su hija no era tanto que midiera un escaso metro sesenta frente al uno setenta y cinco de su hija, sino que Antonio tenía una confitería.

Que su única hija se hubiera enamorado de un pastelero era algo que no podían aceptar. Pero finalmente accedieron a que Carmen se pudiera casar con Antonio, siempre que este desmantelara el negocio comerciante y se dedicara al campo y al ganado, que eran los negocios propios de una familia hacendada andaluza, como la de Carmen.

El campo ennoblece y el comercio envilece; así se pensaba hasta no hace mucho en muchos sectores de esta sociedad nuestra que habita el valle del Guadalquivir. Y así, por ejemplo, en los estatutos de la Real Maestranza de Caballería de Sevilla, se prohibía a sus hermanos ejercer el comercio bajo pena de expulsión.

Estas ideas de la élite aristocrática andaluza bajaban por la pirámide social hasta la clase media terrateniente de los pueblos. El comercio era, por tanto, humillante, para la mentalidad clasista de la gente de campo que se consideraba una especie de aristocracia de la tierra.

Y en este torbellino de clasismo cayó el pobre de Antonio y su confitería, que tuvo que cerrar. Así pues, todos los muebles del extinguido local fueron a parar al *soberao* (léase desván fuera de Andalucía) de la casa de Carmen; y entre ellos había un gramófono y decenas de discos de pizarra.

Este gramófono había estado en el local para amenizar y atraer a los clientes que consumían los pasteles. Mientras la gente se tomaba las bizcotelas, las sultanas de coco, los pestiños o las rositas, que no mucho más ofrecía el establecimiento, sonaban los discos de pizarra con pasodobles, tangos, trozos de zarzuelas y, por supuesto, ¡sevillanas! Todos aquellos discos fueron a parar al soberado y allí estuvieron, cogiendo polvo varias décadas hasta que yo los descubrí.

Como Carmen era para mí como si fuera una abuela, yo andaba siempre por aquella casa y un día me dejó subir por una escalera de madera medio apolillada.

Era aquel *soberao* un lugar encantado y de un hechizo irresistible para un niño. Aún recuerdo su olor al polvo antiguo que lo invadía todo. Se almacenaban, en aquella especie de fresquera aireada por los huecos de unos cuantos ventanucos que daban al exterior, las ristras de ajos, las cuelgas de cebollas, los melones colgados en el techo junto con los chorizos y morcillas de la matanza, el grano para dar de comer a las gallinas, las almendras…; toda una serie de provisiones traídas del campo para gastar en el invierno y decenas de muebles y objetos ya inservibles, pero dignos de ser conservados *por si acaso.* Había varias imágenes de santos en mal estado, porque Antonio se las traía de la parroquia cuando ya nadie los veneraba: un san José al que le faltaban los brazos, una Virgen del Carmen desportillada y algunos ángeles sin cabeza. Y allí, en un rincón, ¡destellando en la oscuridad!, la trompa de latón dorado del gramófono. ¡Qué hallazgo tan maravilloso para un niño! Abrí la tapa, le di cuerda con su manivela, escogí al azar una de aquellas placas de pizarra y empecé a escuchar; era la Niña de los Peines cantando. El disco, de la discográfica La Voz de su Amo, era de 1920.

Si la fábrica tabaco...
Si fuera mía
le pondría cañones
de artillería.

Va diciendo tu madre
que tu palmito
lo tiene reservado
pa un señorito.

Los encuentros inolvidables continuaron mientras más escuchaba. Había algunos discos de sevillanas orquestadas; es decir, interpretadas solo por la orquesta, sin nadie que las cantara. Eran preciosas. Muy parecidas a las de las partituras que yo tenía en casa. Cada una de las cuatro sevillanas tenía diferente melodía. Comprobé que era mucho más bonito que cada sevillana fuera distinta, que no las cuatro iguales.

Pero el hallazgo principal fue un disco de 1930: *Sevillanas del siglo XVIII* era su título y allí estaba la Argentinita, cantando y, al piano, Federico García Lorca...; entonces, en estos años de mi niñez, en España casi no se sabía nada de García Lorca. ¡Pero cómo sonaba aquel piano de sencillo y de bonito! Parecía el de Albéniz de la *Suite ibérica.* ¡Y cómo era aquella voz nasal de la Argentinita!...

Ay, río de Sevilla,
qué bien pareces
lleno de velas blancas
y ramas verdes.

¡Viva Sevilla!
Llevan las sevillanas
en sus mantillas
un letrero que dice:
¡Viva Sevilla!
¡Viva Triana!
¡Vivan los sevillanos
y sevillanas!

La Macarena y todo
lo traigo andado,
cara como la tuya
no la he encontrado.

Lorca llevaba años recorriendo España en busca de lo autóctono, de lo auténtico…. De hecho, algunos de sus viajes quedaron retratados en *Impresiones y paisajes*, el primer libro publicado del autor, en el que narra exactamente lo que promete el título: las impresiones y los paisajes de sus viajes por la España de principios de siglo.

Muchos de los romances antiguos recogidos por él en estos viajes, van a inspirarle una determinada forma de escribir, imitando y bebiendo de ese caudal antiguo de la España popular como es *el romance.*

Los romances populares españoles nacidos de la pluma de poetas desconocidos narraban, en versos octosílabos y con rima asonante, los más diversos hechos de amor, de guerra, de batallas antiguas, de dramas rurales, asesinatos, traiciones, mujeres mancilladas…

Algunas veces se cantaban, otras solo se recitaban ante un público silencioso y asombrado que abarrotaba la plaza pública o la taberna…

Lorca sublima el romance español y lo eleva a la cúspide, escribiendo *El romancero gitano.*

En 1931, Lorca y la Argentinita graban cinco discos de pizarra, con el título de *Canciones populares españolas*: *Zorongo gitano, Los cuatro muleros, El Café de Chinitas, Sevillanas del siglo* XVIII*...*; canciones que Federico había recogido en aquellos viajes por diversos lugares de España.

Todos sabéis quién es Federico García Lorca, pero quizás no habéis escuchado hablar de Encarnación López Júlvez, conocida artísticamente como la Argentinita. Nació en Buenos Aires en 1898 y murió en Nueva York en 1945. Fue coreógrafa, bailarina de danza española y bailaora de flamenco, cantante, amiga y colaboradora de Federico García Lorca. En su época se consideró la máxima expresión del flamenco, cosa que nos puede hace reír si la comparamos con el Fillo, la Campanera o el Maestro Otero. Pero contribuyó a que se conociera y difundiera el flamenco fuera de Andalucía. Ambos habían iniciado este proyecto durante la estancia de Lorca en Nueva York en 1929, a donde fue a impartir unas conferencias a la Universidad de Columbia.

Lo que resulta curioso en el poeta, y demuestra su amplísima visión y la riqueza de su mundo creativo, es que esté simultáneamente preparando la grabación temas populares españoles y escribiendo su *Poeta en Nueva York.*

En 1931 se pusieron a la venta estos discos y uno de ellos había ido a parar a la confitería de Antonio Rodríguez, el Mellizo, el sochantre de la parroquia de Hinojos, y cuarenta años después estaban despertando en el corazón de un niño emociones indescriptibles.

A principios del siglo XX había en España un grupo de intelectuales católicos, muy preocupados por el daño que había hecho el anticlericalismo en las masas populares. Entre estos había un grupo en Sevilla: el cardenal Marcelo Espínola, Manuel Siurot y el más activo, un canónigo de la Catedral de Sevilla, novelista y periodista llamado Juan Francisco Muñoz y Pavón.

Este grupo de intelectuales católicos fervientes vieron en las romerías populares y las devociones marianas una forma de atraer a las masas a la religión.

En esta forma de pensar estaba Muñoz y Pavón, del que podemos decir que había nacido en Hinojos en el año 1866. Era el cuarto de siete hermanos. Su padre era sochantre de la Parroquia de Santiago y maestro de primeras letras de la localidad.

Juan Francisco pertenecía una *dinastía de curas hinojeros*, porque su tío Francisco había sido también sacerdote y párroco de la Iglesia de Santiago de Sevilla, donde su tío abuelo Antonio también lo había sido.

Animado por el cardenal Spínola el canónigo Muñoz y Pavón se había convertido en un buen novelista costumbrista y en un columnista renombrado escribiendo en *El Correo de Andalucía.*

Juanito Muñoz, como se le conocía en Sevilla cariñosamente, era todo un personaje en la ciudad, aclamado por sus novelas, sus artículos y sus sermones memorables, como lo fue la oración fúnebre que pronunció en las exequias de Joselito, el Gallo.

El dieciocho de agosto de 1917 se encontraba de vacaciones en Hinojos en la casa de sus padres, en el número nueve de la calle del Escribano, mientras que, en el Rocío, se estaba celebrando la fiesta conocida del Rocío Chico, en acción de gracias por haber sido librado el pueblo de Almonte del exterminio decretado por los franceses que ocupaban el pueblo.

Pues sucedió que no había sacerdote para que pudiera decir la misa de acción de gracias y la procesión eucarística por los alrededores de la ermita. Pero se corrió la voz de que en Hinojos estaba Juanito Muñoz y le mandaron recado pidiéndole el favor de que viniera urgentemente a la aldea.

Tres leguas y media de camino que hay entre el Rocío e Hinojos fueron las que las mulas hicieron corriendo despavoridas hasta llegar a recoger al canónigo, que iba a vivir en la legendaria ermita marismeña una experiencia que marcaría su vida.

Juan Francisco Muñoz y Pavón dijo la misa principal en la mañana del día diecinueve de agosto.

Él hasta entonces era devoto de la Virgen del Valle y de la Soledad de Hinojos y, aunque quizás conocía el Rocío, fue este día en el que se hizo ferviente adorador de la Blanca Paloma.

Cuando él vio a las masas de gente humildísima, que se agolpaban a los pies de la Virgen, llevando flores y velas, cumpliendo promesas, caminando de rodillas desde la entrada de la ermita hasta las gradas del altar, llorando de gratitud o de pena, y rezando apasionadamente...; entonces él se dio cuenta de que el Rocío estaba destinado a ser algo importante, y aún no descubierto plenamente, para la religión católica. El Rocío era un *diamante en bruto* para conseguir los fines que este grupo de intelectuales estaba persiguiendo: atraer a las masas populares a la religión de sus mayores.

Y para hacer que la devoción a la Virgen del Rocío fuera conocida por el gran público, aprovecha el periódico en el que él escribía, *El Correo de Andalucía*, y escribe un famoso artículo: «La pelota está en el tejado». Se publicó el veinticinco de mayo de 1918 y en él lanza la idea de coronar canónicamente a la Virgen del Rocío; lo cual tuvo lugar un año más tarde, en el año 1919 por el por el cardenal Almaraz.

Él se da cuenta perfectamente de que la publicidad y la difusión eran muy importantes para lo que pretendían, y usa su periódico para divulgar la futura coronación, haciendo un relato diario de las limosnas que se recibían para elaborar la corona de la Virgen; limosnas entrañables que delataban la humildad del pueblo devoto que las hacía: un huevo, el salario de un día, el anillo de casada de una viuda… Y compone, y por eso estamos hablando aquí de él, diecinueve seguidillas dedicadas a la Virgen, llenándola de piropos inmortales: lirio de las marismas, blanca paloma, estrella de la mañana, salud de los enfermos…; retrata la romería del Rocío, el camino y exalta la coronación que se va a llevar a cabo.

Quién no ha escuchado alguna vez eso de «Pocito del Rocío siempre manando» o «La Virgen del Rocío no es obra humana», pues todas esas son seguidillas nacidas de la pluma de Muñoz y Pavón y, tomando las tonás de las sevillanas hinojeras, consiguió que las cantara todo el mundo desde entonces hasta nuestros días.

Por eso no tenemos más remedio que dedicarle unas líneas en este libro dedicado a las sevillanas, porque él es el iniciador de la sevillana rociera, aparte de ser el gran divulgador de la romería que en pocos años vio crecer el número de hermandades que peregrinaban a la aldea.

La Virgen del Rocío
no es obra humana
que bajó de los cielos
una mañana.
Eso sería
para ser Reina y Madre
de Andalucía.

Pocito del Rocío
siempre manando
lo mismo que la Virgen
siempre escuchando.
De noche y día

te encuentra el que te busca,
Virgen María.

Salud de los enfermos,
rosa temprana.
Estrella reluciente
de la mañana.
Pomo de aroma,
lirio de las marismas,
Blanca Paloma.

Nosotros, los Pérez-Vera, tenemos vínculos familiares y afectivos con esta familia Muñoz y Pavón ya casi extinguida, y siempre comentamos si hubiera visto Juanito Muñoz la que *ha liado* y cómo el Rocío, al que él dedicó además su novela *La Blanca Paloma,* se ha difundo por toda España hasta llegar a ser el segundo lugar de peregrinación católica mundial después de Czestochowa, en Polonia.

Pero, como el grano de trigo que al morir es cuando da fruto, él murió al año siguiente de la coronación, en 1920, y no pudo ver lo que había logrado.

Para las sevillanas, su aportación es importantísima, pues, al difundirse las letras de estas, se logró que en las fiestas todos pudieran cantar a coro las mismas coplas, cosa que es imprescindible en la sevillana: la reunión de amigos, cantando todos a misma vez y compás, mientras se baila.

Prueba de cómo arraigaron en el alma del pueblo aquellas seguidillas es que aún siguen cantándose; y de eso quizás tenga yo parte de culpa, porque las introduje en los coros de muchas hermandades, y yo mismo las cantaba con mis amigos detrás del simpecado de la Hermandad de Hinojos, en aquel rosario de emociones y oraciones, a la luz de velas y bengalas, que recorría la aldea el domingo en vísperas de la procesión de la Virgen.

La sevillana rociera es en la actualidad, casi convertida en oración, quizás la principal expresión que hoy tiene el género.

La sevillana,en los últimos tiempos, ha pasado de ser algo muy general a convertirse en algo muy sectorial, y el Rocío, sus peregrinaciones y la actividad de sus hermandades configuran ese sector donde la sevillana, aunque con muy poca calidad, sobrevive.

Cuando no había tantas opciones musicales y la música se difundía solo en soportes comerciales como discos, casetes o CD, o a través de emisoras de radios fundamentalmente, la sevillana conectaba con un numerosísimo público que hoy se ha fragmentado, sobre todo en las generaciones más jóvenes.

Los coros rocieros, las escuelas de tamborileros, las reuniones de amigos…; es ahí donde aún se escuchan y bailan sevillanas de composición actual, en los porches y en los patios de las casas del Rocío, en los caminos hacia la aldea, en las paradas… Saliendo de esto, en las reuniones de amigos, se vuelve una y mil veces a las sevillanas de los años ochenta, para cantar y bailar en grupo. Pero de eso hablaremos más adelante.

Mi padre, que vivía siempre en Hinojos llevando el campo de la familia, tenía a su hermano Curro viviendo en Sevilla donde era farmacéutico. Mi tío se empeñaba en que fuéramos a la feria de Sevilla y a veces íbamos. Entonces se celebraba en el Prado de San Sebastián, y recuerdo escuchar muchas veces, en una caseta a la que iban mis padres, una orquestita de violines que tocaba sevillanas de solo música. Aquello me atraía muchísimo porque eran las mismas que yo escuchaba en los discos de pizarra, aunque eran muy diferentes a las que cantaba la gente del pueblo en Hinojos.

Estas sevillanas tocadas por violines eran las herederas de aquellas sevillanas de 1890, dedicadas cada una a un torero, cuyas partituras estaban en mi casa. Allí no había nada de guitarra, palillos, tamboril o palmas, sino que parecían como un baile de palacio; algo cercano al rigodón o la mazurca, aunque los pasos, las vueltas, los careos y las pasadas de un lado a otro eran los mismos que había definido el Maestro Otero y que se conocían en todos los lugares de Huelva y Sevilla. Pero lo que cambiaba en estas era el espíritu con que se bailaban, pues las señoras de la sociedad las bailaban muy comedidamente, sin descomponerse en absoluto; sin pasión, ni sensualidad; a veces, hacían pases y gestos que parecían reverencias, en vez de apasionados lances de amor, llenos de miradas y gestos sensuales, de los que estaban repletos los bailes que había visto yo en la Cruz de Mayo de Hinojos: aquellos bailes precisos en sus pasos, vueltas y careos, que, perfectamente sincronizados, se ejecutaban con desenfado y alegría, tal y como hoy se sigue haciendo.

Estábamos en los años finales de *la gran laguna* que hubo en los años cuarenta y cincuenta, y duró hasta principio de los sesenta en que aparecen los primeros discos de sevillanas. Un vacío de autores, de letras y músicas tan solo paliado por la aportación de las tonadilleras en sus espectáculos.

Imperio Argentina, Concha Piquer y más tarde Juanita Reina y Carmen Sevilla, entre otras, interpretaron y grabaron en discos algunas sevillanas que metían en sus espectáculos y películas. Y así podemos encontrar sevillanas como *Las sevillanas de los siete niños de Écija* o *Los reyes moros.* Y las inolvidables de Imperio Argentina en la película *La hermana de san Sulpicio,* escritas por Rafael de León con música de Quiroga.

Viva Sevilla, viva Triana...
Que está loquito por mí
me dice al oído,
¡Virgencita del alma!
Si sabrá el maldecío mentir:
me lo he creío.
Y es que me dejo llevar
de dulces palabritas de amor
y luego que me dejan plantá
me dicen con salero: «Con Dios,
que de lo dicho no hay na».

Pero yo estoy convencido de que, aunque solo nos han llegado pocas letras de estos años, la sevillana de la que uno cualquiera del pueblo es autor y que después corre de boca en boca..., esa sevillana que brota del alma de nuestra Andalucía Occidental, y singularmente de Sevilla, no se perdió ni dejó de producirse en estos años que hemos llamado de *la gran laguna*; los años de la pena y la escasez; de la tragedia y el silencio de algunos y de todos.

Prueba de esto pueden ser las revistillas que editaban las casetas de la feria de Sevilla, para repartir entre sus socios y amigos. Por ejemplo, la peña de amigos «Er 77» editaba cada año una, llena de publicidad de vinos, aguardientes, maquinaria agrícola, forjas artísticas...; entre anuncio y anuncio, redactados sus textos casi siempre en tono de humor, aparecen trozos de sainetes, romances y... muy pocas sevillanas; casi ningunas, diría yo. Por tanto, ni siquiera esta peña famosa en estos años, en la que destacaba el personaje del marqués de las Cabriolas, se molestaba en componer algunas sevillanas para animar las fiestas de primavera de Sevilla.

Al hilo de esto, debemos introducir una distinción que yo creo que nos ayuda a entender la evolución de la sevillana en el último siglo, y es la diferenciación entre una sevillana *culta* y otra *popular.*

Llamémosle *culta* a aquella sevillana que se escribió en una partitura, se interpretó por un profesional, y que nació del genio musical de un compositor y de la pluma de un letrista más o menos poeta. Por el contrario, la *sevillana popular* nace del alma del pueblo; nunca se escribe, sino que va de boca en boca; usa palabras simples; son concisas y sintéticas al decir las cosas, como lo son todas las letras de los cantes flamencos; pretende divertir, contar cosas concretas a veces con lirismo, a veces con humor y socarronería andaluza... Se puede decir que no tienen valor literario o musical, pero a veces te encuentras con algunas maravillosas por su esquematismo y por las imágenes que utiliza, como aquellas que dicen:

Tiene una cinturita
que se parece
al clavé en la maceta
que el aire mece.

Yo me enamoré de noche
y la luna me engañó.
Otra vez que me enamore
será de día y con sol.

Al hijo del Espartero
lo quieren meter a fraile
y la cuadrilla le dice:
«Torero, como su padre».

Nadie sabe quién escribió estas letras ni las músicas con las que aún se cantan, y no creo que haya partituras de las mismas, pero en Sevilla han ido de boca en boca durante años y han llegado a nuestros días.

Son sevillanas no cultas, sino populares, que muchas veces retratan con humor burdo el día a día del pueblo llano; y es la protagonista de los bautizos, las bodas, las fiestas en los patios, las romerías…

María la morena, morena,
puso un potaje
y le salieron duros.
Ay, qué coraje.
Eso sería
que María, la morena,
se dormiría.

El clavel que me diste
lo tiré al pozo.
Yo no quiero claveles
de ningún mozo.
Y ahora me pesa
el rato que lo tuve
en mi cabeza.

Me casé con un enano, salerito
pa jartarme de reí.
Le puse la cama en alto
y no se podía subí.
Eso sí que fue de veras
que al bajarse de la cama
se cayó en la escupidera.

De letras parecidas a estas se podrían transcribir aquí muchas, pero basten estos ejemplos para ilustrar lo que se dice.

Es importante saber que, según son las músicas que aún se recuerdan ligeras y rítmicas, se ve que se han inventado para ser bailadas. Y responden a la descripción de Manuel Machado:

Sevillana es la copla
graciosa y tierna…

Esta sevillana popular siempre ha existido y existirá, porque la gente la inventa según se le ocurre, y es la expresión del alma del pueblo que retrata, cantando, sus sentimientos y su vida.

De uno de estos *casos graciosos* que ocurrían con frecuencia en Sevilla y se transformaban en sevillana fui yo testigo cuando tenía unos catorce años.

Como muchos sabréis en Sevilla había un barrio de *mujeres de mala vida*: la Alameda de Hércules. Allí se concentraban decenas de casas y locales donde ejercía el *oficio más viejo del mundo*, léase la prostitución.

Esto era algo conocido en toda la ciudad y la *gente de bien* evitaba andar por esas calles aledañas de la Alameda de Hércules, como la calle Niño Perdido, de la que nunca se supo por qué, ni cuándo ni cómo, se perdió allí un niño, o si *se perdió* en los brazos o por culpa alguna mujer de mala vida, lo cierto es que el niño le dio este nombre tan descriptivo a la calle.

Pues resultó que un camionero que acudía con asiduidad a un bar muy conocido de la zona que se llamaba La Vaquita, le proponía amores a una prostituta que, en un momento dado, lo despreció, yéndose con otro hombre. El camionero sintiéndose despreciado, en un momento de rabia y de celos, fue a su camión, cogió un bidón de gasolina y le prendió fuego a La Vaquita, que ardió pavorosamente.

A la mañana siguiente, nada más saberse lo que había ocurrido, corrió de boca en boca la siguiente copla por toda Sevilla:

Al entrar en la Alameda
lo primero que se ve
La Vaquita echando humo
por culpa de una mujer.

Ya me dirán ustedes quién fue el inventor de esta coplilla, pero lo cierto es que se estuvo contando durante varios años en los corrinches y fiestas de Sevilla.

También en los pueblos de Sevilla se daba esto, con tanta gracia o más. Sirva la siguiente historia como ejemplo.

Se da en los pueblos de Andalucía una situación que se produce con mucha frecuencia, que es la división entre dos hermandades o cofradías rivales que, aunque son religiosas y cristianas, se odian a muerte dedicándose coplas hirientes y puyas a la menor oportunidad.

Pues bien, sucedió que una hermandad de Hinojos decidió hacerle a su Virgen un manto nuevo bordado de oro sobre terciopelo de color granate o *grana,* como se le suele llamar en Andalucía al color rojo.

El alcalde, que pertenecía a la hermandad en cuestión, como no tenían dinero para bordar el manto y comprar el terciopelo necesario, se fijó en que había una *cañá,* es decir, un camino bordeado de pinos, al que llamaban en Hinojos la *cañá* de la Bejarana. El alcalde ideó que, como los pinos estaban en el camino y no pertenecían a nadie, se hiciera una tremenda corta para conseguir el dinero. Ténganse en cuenta que esta *cañá* tenía varios kilómetros de extensión. Los de la hermandad contraria inventaron esta coplilla satírica:

Para bordá el manto grana
han dejado casi sin pinos
la Cañá, la Bejarana.

Volviendo a Sevilla, podemos encontrar otro ejemplo para ilustrar esto que os cuento. Había en la Fábrica de Tabacos un pagador de los sueldos de las cigarreras que era una especie de gigante con las manos enormes, y que era famoso entre las mujeres que liaban tabaco del que hacían bromas y *chascarrillos* cada vez que les pagaba el salario.

Resultó que la Hermandad de las Cigarreras decidió cambiar al Cristo de atado a la columna, que acompañaba a la Virgen de la Victoria, y encargó una imagen nueva, pero al escultor le salió tan desproporcionado en relación con el paso en el que iba que parecía un gigante. Cuando el Cristo se vio en la calle, dadas sus enormes proporciones, saltó entre la gente una coplilla en la que se decía:

Madre mí de la Victoria
te acompaño en tu dolor
que te han quitado tu hijo
y te han puesto al pagador.

Del contraste de una sevillana y otra era yo testigo en el Hinojos de mi niñez. Por una parte, en mi casa, se interpretaban a piano aquellas «sevillanas cultas», escritas en partituras, de una belleza y riqueza musical increíbles, pero salías a la calle, a las fiestas del pueblo, y escuchabas esa «sevillana popular» que, yendo de boca en boca y de generación en generación, había resistido el paso del tiempo y había llegado hasta nosotros.

Yo soy testigo de cómo se habían conservado *tonás* y letras antiquísimas, que salvaron del olvido a nuestro querido género de las sevillanas; letras y tonás que habían brotado del alma del pueblo y que hablaban, casi siempre, de amor y de humor, o de cosas que ocurrieron y que se quedaron en el recuerdo de la gente.

Recuerdo vivamente las romerías del Rocío, cuando salíamos desde Hinojos, toda mi familia, con la hermandad. Iban a caballo mi abuelo y mis padres, y los niños todos metidos en un charré.

En las paradas no se cantaba demasiado como ocurre ahora, porque, como he dicho, no había mucha variedad a la que acudir, y se repetían una y otra vez las mismas coplas.

Había cuatro o cinco tonás, no más. Y a esas tonás se les ponían las letras que a cada uno se le ocurriera. Pero siempre había alguien que cantaba algunas letras llenas de sabor antiguo y que a mí, de pequeño, me atraían poderosamente, porque quizás mi alma me avisaba de que por ese camino debía meterme, para engrandecer y extender la música del alma del pueblo, y dejar memoria de lo que irremediablemente se perdería si no se hacía algo por impedirlo.

En medio la Marisma
se oyó una voz,
fue la Blanca Paloma
que me llamó.

O aquella que decía:

Camino del Rocío
largo y penoso,
y al llegar a la ermita
todo son gozos.

Recuerdo a mi abuelo Feliciano diciéndole a un hombre que venía en un caballo y que se había acercado a nuestra parada a tomar una copa: «Eligio, cántate una sevillana», y el hombre cantar, desde encima del caballo, aquellas letras que yo me aprendí de memoria, con apenas cinco o seis años.

El confesor me ha dicho
que no la quiera.
Y yo le he dicho: Padre,
¡si usté la viera!
Es tan bonita
que tan solo mirarla
las penas quita.

Cuando llegábamos a la aldea, teníamos una casa que, gracias a Dios, aún conservamos en la calle Sanlúcar. Esta casa había sido una choza de las sesenta que rodeaban la ermita y que aparece en los documentos antiguos que hay sobre el Rocío. La había comprado mi bisabuela Lorenza Moreno, que había nacido en Villamanrique circunstancialmente. Su padre, Feliciano Moreno Medina, cuyo nombre me enorgullezco de llevar, había sido muy devoto de la Virgen del Rocío y, según nos contaban cuando niños, había sido favorecido por ella en numerosas ocasiones, con milagros en los que salvó la vida en aquella marisma salvaje e indómita de pastoreo, aguaceros, rayos y cosas terribles, que ha sido una constante trágica en mi familia, pero también una enorme fuente de gracia y consuelo.

Pues fue mi bisabuela la que compró esa choza en 1889, que mi abuelo había usado después como casa de aperos, en los años marismeños que también a él le tocó vivir, de los que después os hablaré.

Tenemos que entender que, como en el Rocío había muy pocas casas, todas las que había se ponían durante la romería a disposición de los visitantes y peregrinos para atender las necesidades tuvieran. Quizás este sea el origen de la proverbial hospitalidad rociera.

Y así era aquella choza-casa: abierta a todo el mundo; y, aunque en la romería de 1920 ardió su techo de castañuelas y juncos por un cohete que la incendió y se había convertido en una casita de tejas planas, no había perdido esa misión evangelizadora-rociera, pues *compartir* es el credo de todos los rocieros de verdad.

Esto tuvieron ocasión de demostrarlo mis abuelos, con ocasión de una gran sequía que hubo en la romería del año

1930, cuando se secaron los pozos de la aldea por las altas temperaturas que se alcanzaron y la gran afluencia de visitantes. Mi abuelo, entonces, trajo agua de unos pozos que él tenía en la *marisma Gallega*, y puso en la puerta de esta misma casa una serie de cubas llenas de agua para que la gente bebiera y paliara la sed.

Pues así seguía siendo así en mis años de niño: una casa abierta las veinticuatro horas del día, para todo aquel que necesitara algo. Y no solo se llenaban los dormitorios, en los que la gente se apiñaba literalmente para dormir, sino que había una higuera en el patio, donde algunos *sin techo* echaban la manta para dormir a su sombra, junto con los expulsados de la casa por los ronquidos que daban durmiendo. Y de esto dije yo en versos, en alguna ocasión:

Esta casa tan bonita
era hace tiempo una choza
de la señora Lorenza,
de Curro Pérez, la esposa.
Un pocito de agua dulce,
dos hileras de pesebres
y en medio una verde higuera
en donde echaba su manta
todo aquel que lo quisiera.
Y desde mil novecientos
¡cuánto nos ha sucedido!,
pero seguimos viniendo,
Madre mía del Rocío.

Hay que tener en cuenta que, en el Rocío de entonces, en el cercano acebuchal, debajo de aquellos árboles centenarios y al lado de ellos, las hermandades y los peregrinos acampaban, dándose la estampa típica de ver juntos los bueyes, las carretas, los mulos, los caballos, y la gente debajo de los toldos, amparándose de la lluvia o del calor según hiciera cada año.

Pues este Rocío antiguo y olvidado, que nada tiene que ver con el Rocío de camareros con librea, fiestas brillantes, mariscos y *whisky* de marca, del famoseo y las revistas del corazón, de casas de millones de euros con piscinas en las azoteas...; este Rocío antiguo, humilde, hospitalario y devoto, era el que se vivía en aquella casa, por la que pasaban muchos visitantes, algunos de ellos ilustres y famosos. Recuerdo a algunos artistas, como Mikaela, Macarena del Río, Carmen Sevilla y Perlita de Huelva y otras tonadilleras que iban a la romería y pasaban por la casa de mi abuelo, obsequiándonos con sus coplas, algo frívolas en comparación con el torrente de devoción y lirismo que pronto apareció en la sevillana rociera.

Por eso no retuve de esta época muchas sevillanas que me llamaron la atención, hasta que, en la romería de 1968, llegó a mi casa un grupo de jovencitos de Gines y cantaron aquello de

Pastor de las marismas,
Pastor divino,
que hace salir el sol
crecer el trigo...
Multiplicas los peces
bajo los ríos...
Transforma nuestras vidas,
que tu Rocío
trascale en lo más hondo
de mi sentío.

Lloran los pinos del coto
despidiendo a las carretas...

En las lágrimas que se agolpaban en los ojos de mi abuelo al escuchar esas sevillanas tuve una revelación, pues comprendí que el Rocío iba a ser una fuente inagotable de sentimientos que podíamos compartir todos los rocieros, hasta el punto de conformar una *comunidad de creyentes* con límites insospechados.

Al cabo de algunos años, yo me pondría a explorar y a escribir sobre estos sentimientos, con la idea de describir y dar a conocer la devoción rociera compartiendo mis vivencias y creencias.

El Rocío se abría desde aquellos años, como una fuente de inspiración y una temática, que ya había explorado Muñoz y Pavón, pero que ahora iba a proporcionarnos una serie de composiciones y de temas maravillosos que, desarrollándose, han hecho del Rocío algo muy importante, en relación con otras romerías de Andalucía y de España. Porque el Rocío es lo que es, no solo por el entorno maravilloso que lo rodea, que es como un jardín para la Virgen o un auténtico templo natural…; tampoco por los numerosos milagros y gracias que la Virgen ha concedido y sigue concediendo a millares de creyentes, sino, sobre todo, porque tiene un folclore que falta en otras romerías tradicionales de Andalucía. Todo un enorme volumen de sevillanas, plegarias interpretadas por una variedad de artistas, conjuntos y coros rocieros que no dejan de sorprender. ¿Cómo en una sociedad secularizada y poco creyente se alzan tantas voces para alabar a María de Nazaret, madre de Jesucristo, y a una imagen suya encontrada en el siglo XIII en el hueco de un acebuche, donde se ocultó para salvarla de la persecución de los almohades andaluces? Incomprensible, humanamente hablando.

Recientemente la Universidad Internacional de Andalucía ha organizado un curso de verano sobre el tema de la *Coexistencia de dos santuarios en el entorno de Doñana*; es decir, el santuario devocional (la ermita) y el santuario natural que se extiende por el Parque Nacional de Doñana y los términos municipales que conforman el espacio natural o pre-parque que lo protege y rodea.

Los caminos que atraviesan este espacio y vienen a morir al pie de la ermita, son las sendas de la tradición y la devoción por las que discurren decenas de hermandades en la romería y en las peregrinaciones extraordinarias. Antiguos cordeles, veredas y cañadas reales que recobran sus usos tradicionales gracias a los rocieros. Caminos floridos que, atravesando naranjales, viñedos, olivares y campos sembrados de trigo y girasol, llegan a los pies de la Señora. Senderos umbríos que, por espesos pinares perfumados de romero y jara, alcanzan la meta de una fe inefable. Carriles de arena pesada o de fangos infranqueables; atravesando ríos, arroyos y escorrentías...; subiendo dunas y salvando algaidas pantanosas...; parando, para tomar fuerzas junto a antiguos pozos donde el ganado abreva, y acampando bajo soles de mayo o lunas de primavera.

Modestamente tengo que decir que esta idea de que el territorio que rodea la ermita sea como un templo o antesala de esta, la he desarrollado en decenas de letras de sevillanas, que han servido como punto de arranque de este curso en el que impartí algunos módulos. De estas letras destaco aquí algunas:

Hinojos marismeño,
vergel de pinos.
Tú eres el pueblo dueño
de estos caminos,
parada, vado y sueño
de peregrinos.
Y tus pinares
son como un templo...
columnas que sostienen
el universo.

Otra letra dice:

Marisma rincón de Huelva,
pastos de Hinojos y Almonte.
Verde el pinar, blanco el cielo...
La Ermita en el horizonte.
Dónde hay más bello jardín
que en las marismas del río
Guadalquivir.

En otra, el tamboril como símbolo de lo religioso se oye junto a los sonidos de la naturaleza:

Un espejito de plata
donde se refleja el cielo,
así es la marisma llana,
la tierra de mis anhelos…
Y es un milagro que aquí
la berrea de los ciervos
se oiga junto al tamboril;
no quiero más paraíso
que la tierra en que nací.

O mejor esta otra más expresiva:

A mí me enseñaron los pinos
cómo reza la marisma:
el pajarillo en sus trinos,
el milano en su alto vuelo,
y la brisa en los caminos
refrescando al peregrino
que viene por los senderos…
Reza la flor en su aroma
y el sendero al ser pisao;
y yo te rezo cantando
detrás de mi simpecao.

Que la naturaleza que rodea el santuario no es *inerte,* sino que *actúa* ensalzando y alabando a la Virgen, es algo que perciben miles de peregrinos y yo mismo lo he sentido y cantado en algunas de mis sevillanas como voy contando:

La belleza de tu cara
desborda el Guadalquivir,
y hasta arría la marisma
queriendo acercarse a ti
y al pie de tu ermita misma
suspira el agua por ti.
Cinta verde pa tu pelo
quisiera volverse el río

de tanto como escucha
hablar de ti, Rocío.

Asistimos, por tanto, a un fenómeno o a un estado de cosas que nos demuestra, si queremos verlo así, que el territorio que rodea la ermita está ungido por Dios para cumplir una misión. Quizás esto parezca exagerado y deberíamos explicarlo un poco más.

Vamos a llamarle *unción* a ese algo incomprensible que flota en los sonidos del pinar, en las brisas marinas, en la desnudez del páramo marismeño, en la aridez de las dunas, en la feracidad de los bosques llenos de aromas, en el verdor de los arroyos que atraviesan los caminos…; pongámosle el nombre de *unción* a ese *algo incomprensible* que hace que los peregrinos conecten con las zonas más profundas de su alma, que se reencuentren consigo mismos y que, de una forma incomprensible, hallen la respuesta al anhelo religioso que late en todo hombre…; que, al contacto con la belleza del territorio, se le despierten a muchas personas el *a priori* religioso que antropológicamente tiene todo ser humano y lo conduce a buscar respuestas a sus deseos de trascendencia e inmortalidad.

Al jolgorio de los caminos y la alegría festiva de las paradas les suceden muchos momentos de soledad interior, de pensamientos con uno mismo, de recuerdos y reencuentros con todos los *egos* de nuestro yo…; cuando la brisa llega, te refresca y sientes en tu rostro la dulzura de la vida o la esperanza de algo mejor; cuando ves el cielo atravesado por el vuelo de las águilas o las cigüeñas que parecen hablarte de que existe un *más allá*…; cuando al atardecer el sol se mete entre los pinos anaranjando el pinar, en un crepúsculo que nos recuerda que los ocasos de la vida son el comienzo de nuevos amaneceres para nuestra existencia…; o cuando contemplas la noche cuajada de estrellas y la misteriosa belleza de la inmensidad del cielo te sobrecoge e inspira.

Miré la noche callada
y escuché que hablaba de Ella...
Cantaba el agua en la pila
de amor, su canción más bella
y en el cielo la adoraban
luna, luceros y estrellas...
El potrillo en su relincho,
el tamboril en su sonío...
Y oí que el campo gritaba:
Mi amor se llama Rocío.

Todas ellas son sensaciones del cuerpo e intuiciones del alma que llegan a lo más profundo de nuestro ser, pero que el hombre de a pie no llega a ponerle palabras; algo que el subconsciente humano capta, pero que el poeta, el músico o el artista sabe darles forma y expresarlas por los demás. Esa es la función de la poesía, la música, la pintura...: expresar lo que existe pero no todos captan; ponerle palabras a los sentimientos y pensamientos de los otros y entregárselos.

Y ¿por qué decimos que esta tierra rociera está ungida y qué alcance le damos a esta unción?

El ungido es una persona consagrada, señalada, apartada del resto de los hombres y destinada a una misión especial. Se ungía con aceite a los reyes de Israel y después a los emperadores del Sacro Imperio Romano...; se unge a los sacerdotes cuando se ordenan, a los niños que se bautizan como señal de que pasan a formar parte del pueblo de Dios; se unge a los enfermos que van a morir; a las imágenes a las que se les va a dar culto...; se unge el altar de las iglesias el día en que se consagran...

La unción, además de ser una señal visible en la piel del ungido, trasmite por voluntad de Dios, que es de quien se recibe esta señal, las cualidades, los dones, el carisma necesario para cumplir la misión que el ungido tiene.

Vistas las experiencias que se traducen en letras de plegarias y sevillanas, este territorio nuestro, este espacio en el que se desenvuelven y coexisten los dos santuarios, parece estar ungido; es decir, destinado a cumplir una misión: la de servir de puente y punto de conexión entre Dios y los hombres, de forma que sus encantos naturales predispongan el corazón del peregrino para un encuentro religioso…; dicho de otra forma, el templo natural que rodea la ermita tiene la misión de despertar en los peregrinos el *a priori* religioso que tenemos todos los seres humanos del que antes hemos hablado.

Para la teología católica, Dios es tres personas distintas, pero con una única naturaleza: Padre, Hijo y Espíritu Santo. Cada uno de ellos podríamos decir que tiene una forma de operar.

El Espíritu Santo penetra toda la creación, la sostiene y la convierte en un espejo de la imagen de Dios y en una alabanza a su sabiduría, belleza, poder…; Dios Padre crea un mundo para su Hijo, que es el primero de todos los hombres; es decir, lo crea para los hombres y el Espíritu Santo lo mantiene, sostiene, le comunica el ser y lo dirige hacia el punto final de la historia según el teólogo francés Teilhard de Chardin.

La creación es, por tanto, una de las formas de intuir (si no de probar) que existe una inteligencia superior cuya sabiduría se refleja en su obra; es decir, por la obra conocemos a su autor. Así lo asegura santo Tomás de Aquino en la *Suma teológica*, siguiendo las *Cartas* de san Pablo.

Que el entorno del santuario ayude a la misión evangelizadora que el santuario tiene muy bien ha podido ser algo querido por Dios.

Si analizamos las casualidades históricas que nos lo han preservado, que han sido muchas: el paludismo alejando las poblaciones de estos lugares antes infestados; el latifundismo con enormes cotos de caza y fincas ganaderas en los alrededores; el fracaso de la reforestación franquista y la subsiguiente creación del observatorio de aves y después el parque nacional… No hay más que ver nuestras costas vírgenes frente a la destrucción del litoral del resto de España para pensar con fundamento que ha existido un *algo* que se nos escapa... Dejémoslo ahí. Cada uno que piense lo que mejor le parezca. Para mí, no es una pura casualidad, sino que existe un designio sobrenatural para que este territorio ungido haya sido preservado milagrosamente con vistas a que el Rocío fuera lo que hoy es en el catolicismo universal, comparable a Fátima, Lourdes, Częstochowa en Polonia, Medugorje en Bosnia...

No hay más que plantarse en el santuario/la ermita y ver llegar al pie del altar de la Virgen a los grupos de peregrinos, después de un largo camino. Sus caras hablan por ellos, sus lágrimas dicen mucho, y sus cantares mucho más.

Que la naturaleza habla, que la tierra tiene un corazón como si de un hombre cualquiera se tratara, lo encontramos por muchas partes en nuestra literatura, y es creencia de todos los pueblos antiguos, sobre todo en la civilización romana, cuya religión se basaba en la existencia de señales, auspicios y augurios obtenidos de la observación de la naturaleza, ya sea el curso de los astros, el vuelo de las aves, etc. Que existe una armonía oculta, una bondad inteligente que late en todo lo que nos rodea y se comunica con nosotros, a veces de forma sensible, es creencia compartida por muchas culturas.

Hay un pasaje del Evangelio de Lucas, interesantísimo a estos efectos, en Lucas 19, 36-40. Es el relato de la entrada de Jesús en Jerusalén. La gente grita: «Hosanna, Bendito sea el Hijo de David, el Rey Israel». Los fariseos le dicen a Jesús: «Maestro, reprende a tus discípulos». Jesús les contesta: «Os digo, que si ellos se callaran, gritarían las piedras...». Es decir, los hijos de la Sabiduría Divina, las obras de su creación, tienen un secreto lenguaje con el que nos hablan de ella, según lo dice san Lucas en su evangelio, capítulo 7, versículo 35: «La Sabiduría (de Dios) es justificada/exaltada por sus hijos (sus obras)».

No es que se trate de un panteísmo, ni estamos divinizando la naturaleza a la manera de Juan Ramón Jiménez cuando dice eso de «Dios está azul». Aquí estamos en presencia de lo que describe la Biblia en el salmo 18:

El cielo proclama la gloria de Dios,
el firmamento pregona la obra de sus manos:
el día al día le pasa el mensaje,
la noche a la noche se lo susurra.
Sin que hablen, sin que pronuncien,
sin que resuene su voz,
a toda la tierra alcanza su pregón
y hasta los límites del orbe su lenguaje.

Cuando los pregones rocieros, las plegarias y las letras de sevillanas insisten en esta idea, es que muchas personas perciben esta *unción*; esta misión de la naturaleza salvaje y primitiva por donde discurren los caminos del Rocío. Y aquí un ejemplo de lo que digo:

Te vas camino de Almonte, y todo el campo se alegra
porque ver cómo te marchas bajo la noche de estrellas,
al aroma de los pinos y en la densa polvareda
hace estallar en amores el corazón de la tierra.
Señora de los pinares y las arenas sedientas,
del encinar milenario y el castañar de la sierra…
del olivo y de la viña, del almendro y de la higuera…
del labrantío que cría la mies fecunda y eterna…
de lo que sudor y lluvias hace que brote y que crezca.
Te vas camino de Almonte y todo el campo se alegra…
y se goza el mar bravío y las lagunas risueñas,
el sol prodigio del cielo y el azul manto de estrellas…
Vas atravesando campos y mira cómo se alegran
todas las cosas que Dios dio a nuestra naturaleza.

El rociero que lo deja todo para irse por los caminos en un impulso religioso, se pone en consonancia con la costumbre ancestral de muchas religiones de peregrinar a lugares alejados o solitarios para encontrarse con Dios, ofrecerle sacrificios, buscar iluminación, reflexionar… El componente festivo de los caminos hacia el Rocío cuando es la romería de pentecostés no destruye el componente penitencial de otros caminos que hacen los rocieros a lo largo del año, bajo las lluvias de invierno o los calores del verano. Ambas cosas se dan en los caminos hacia la ermita: lo penitencial y lo festivo; lo individual y lo grupal; lo exterior que se ve y lo interior que se intuye.

De los caminos festivos de la romería no diré mucho porque están a la vista de todos para analizarlos y tienen explicaciones claras: la necesidad de vuelta a lo antiguo, al pasado, a las costumbres de una sociedad más simple y primitiva, como lo era la sociedad agraria de nuestros abuelos; la desconexión necesaria que impone nuestra forma de vida ajetreada, y el cambio de entorno que permite el descanso y la renovación sicológica; la autoafirmación personal y regional, como dice la sevillana: «Yo soy así, y tienes que comprender/ que mis costumbres son estas y no las quiero perder»; el valor de las raíces, sobre todo en personas que han perdido la conexión con Andalucía y se autoafirman siendo rocieros...; el clásico casticismo español que ahora ha tomado forma rociera, porque asistimos al fenómeno de que Andalucía ha capitalizado lo hispánico y la imagen de España en el mundo, es el flamenco y las tradiciones andaluzas; un soterrado nacionalismo, ya que para muchos sentirse español es sentirse rociero. También los valores humanos de la alegría, el compartir, y la dureza de los caminos vividos en unión de amigos y familiares, son una motivación de muchos; la unión con los seres queridos que nos iniciaron en la devoción, casi siempre desde niños, en una especie de *culto a los muertos.*

Es que el Rocío es así
Tú lo aprendes de chiquillo
y siempre se queda ahí
dentro del corazoncillo
te sigue haciendo feliz

Una oración rociera
por quien me enseñó el Rocío...

No olvidemos que el cristianismo tiene en el judaísmo a su hermano mayor, y que el pueblo judío ya peregrinaba a Jerusalén en todas sus fiestas, como la Pascua, Pentecostés, los Tabernáculos, las Tiendas…; siempre he pensado que nuestras caravanas hacia el Rocío tienen mucho de tradición judía. Tampoco olvidemos que en España hay cientos de romerías con caminos parecidos a los del Rocío dirigidos a centenares de ermitas, santuarios, etc. Y que esta costumbre está extendida por todo el orbe católico.

Al hablar de los caminos penitenciales, donde más casos encontramos de esta costumbre del apartarse del mundo con una finalidad religiosa es en la Biblia y en el Antiguo Testamento.

Por citar algunos que puedan resultar explicativos de lo que decimos, Abraham ofrece a Dios en sacrificio a su hijo Isaac, sobre el monte Moriá, hoy monte Sión, situado en la explanada de las mezquitas en Jerusalén. Sube a un monte a un encuentro con Dios. Moisés recibe su misión directamente de Dios en el monte Sinaí, al que previamente se había retirado a rezar, en aquel misterioso episodio de la zarza ardiendo y, en esa costumbre que al parecer tenía, muere a los ciento veinte años en el monte Nebo, a donde había subido a rezar y desde donde divisa la Tierra Prometida, pero en la que no llega a entrar.

En momentos de persecución, el rey David también busca refugio e inspiración en diversos montes, con evidente éxito pues llega a ser rey de Israel sobreponiéndose a Saúl.

La enumeración podría ser muy larga: el profeta Elías en el torrente Querit, Jesucristo se trasfigura en el monte Tabor y reza en el monte de los Olivos, lugar donde lo detienen y donde, después de la resurrección, se produce su ascensión al cielo.

Las peregrinaciones a lugares alejados, ermitas, santuarios, etc., también tienen una tradición católica extensísima y desde los mismos inicios del cristianismo, y qué mejor ejemplo que el Camino de Santiago y su éxito actual. De hecho, la palabra *romero* viene de los que hacían la peregrinación a Roma.

San Juan de la Cruz, en su *Camino de perfección*, explica cómo Dios premia a aquellos que hacen estos esfuerzos: «Muchas veces Dios concede lo que se le pide en estas ermitas y lugares alejados como premio del esfuerzo y las penalidades que sufren los peregrinos».

Y en este contexto es en el que el territorio ungido cumple su misión con los hombres.

Por amenizar un poco esta parte, quizás un poco ardua, os voy a contar un ejemplo cercano de rociero que busca en la lejana ermita una experiencia ascética y a la vez mística.

Mi abuelo Feliciano tenía una hermana soltera que vivía con nosotros y era como una segunda abuela: la tía Carmelita, una gran rociera. Ella, después de que terminara la romería en Pentecostés, se quedaba satisfecha y volvía llena de vivencias en la ermita, lágrimas y alegrías que la colmaban y la aseguraban en su creencia mil veces expresada de que «el Rocío es lo más grande del mundo».

Pasaban unos meses y ella volvía al Rocío Chico en plena canícula del mes de agosto, junto con toda la familia. Pero, ¡ay!, pasada esta fiesta, había que esperar casi un año para volver a la aldea. ¿Podría ella aguantar tan larga espera? Por supuesto que no. Entonces empezaban las falsas razones: la casa no debía quedarse sola tantos meses, me dejé olvidado allí algo importante…; todo para que mi abuelo la dejara volver unos días al Rocío.

Era lógico, a ella le entraba una añoranza del Rocío muy grande, y entonces negociaba con mi abuelo para que le facilitara un medio de transporte, normalmente una carreta tirada por bueyes donde ella se llevaba lo que iba a necesitar, porque las casas se dejaban prácticamente vacías de un año para otro.

Podéis imaginar a mi abuelo poniendo el grito en el cielo porque los caminos del Rocío de entonces eran impracticables en invierno; los arroyos venían llenos de agua y la vegetación crecía de tal forma que invadía el sendero, borraba el camino por donde se tenía que ir y era muy fácil perderse; sin olvidar que no hay animal más tozudo que un buey, mucho más que una mula, cuando a la vista de algo que a él no le gusta decide no seguir adelante.

Ella, no obstante, esgrimiendo la poderosa razón de ser una mujer soltera y libre, que a nadie tenía que dar cuenta de sus actos, se imponía y se lanzaba a su aventura rociera. ¡Se sentía tan feliz en aquella soledad sonora…; la ermita blanca y gélida, junto a la inmensa albina de la Madre; los flamencos y las garzas dueños de la inmensidades marismeñas…; los vuelos de las águilas, las manadas de ciervos, los cantos de mil pájaros…; el altar desnudo y en su camarín la Virgen, ¡para ella sola! Carmen Pérez se convertía en una eremita en esos días, una émula de los Padres del Desierto, una continuadora de los que habitaban las cuevas del monte Carmelo…; en fin, el Rocío en invierno era su completa felicidad y por eso se imponía a la patriarcal autoridad de mi abuelo, que le vaticinaba: «Cualquier día perderás la vida en esos caminos. Yo me lavo las manos. Haz lo que quieras…».

Y así estuvo a punto de suceder.

Tenía mi abuelo un boyero que se llamaba Luisillo Plaza, que, aunque no era alcohólico, se emborrachaba muy a menudo y era más manejable por mi tía. Una de estas veces de disparidad de criterio con mi abuelo, ella le dio una propinita a Luisillo para que le unciera los bueyes, le ayudara a cargar la carreta y la llevara al Rocío. Pero el pobre hombre, que no estaba muy lúcido en aquel momento, unció al buey izquierdo a la derecha y viceversa.

Ya desde que salió la carreta de Hinojos, los bueyes iban haciendo cosas raras, según después contaron algunos que lo vieron. Y sucedió lo que se temía, al paso de una hondonada del camino, los bueyes se espantaron, rompieron el yugo que los uncía a la carreta y esta se volcó tirando la carga, y con ella a mi tía y a su criada Juana, la Marcela, que quedaron inconscientes tendidas en medio del camino, entre sus pertenencias desparramadas por el arenal. Estuvieron inconscientes, pero parecían muertas, para horror del pobre Luisillo. Finalmente despertaron, pero mi tía tuvo una lesión en la columna vertebral para toda la vida. Y así se cumplió aquello de

Camino del Rocío
largo y penoso
y al llegar a la ermita
todo son gozos.

No contenta con esto, ya decidió no pedir más la ayuda de mi abuelo para siguientes ocasiones. Así fue que se enteró de que había un muchacho del pueblo de Pilas que tenía una mula y que hacía el trayecto de Pilas al Rocío y a Matalascañas. Téngase en cuenta que ese pueblo de Pilas, limítrofe con Villamanrique, es un pueblo comerciante al que la Divina Providencia le regaló los dones de la laboriosidad, el trabajo y la astucia para los negocios. Pues este muchacho normalmente hacía el camino para llevar provisiones a la aisladísima aldea del Rocío y también a la playa de Matalascañas.

Esta playa, antes de que se construyera la actual urbanización, podíamos decir que estuvo colonizada por los pileños. Ellos inventaron una serie de chozas que hacían en la misma orilla del mar, ¡maravillosas y dignas del mejor actual Caribe!, fabricadas de madera, brezo, juncos y castañuela que recogían de las mismas dunas que había allí. Estas chozas se alquilaban para que la gente pasara, lo que se llamaba la *temporada,* o *temporá* de playa, que abarcaba de junio a septiembre. El negocio estaba en hacer las chozas, con sus pozos y sus letrinas, y alquilarlas a los escasos aficionados a la playa que había entonces.

Una vez que las chozas se habitaban y se formaba un núcleo de habitantes, venía la segunda parte del negocio que era llevar y venderles ciertas provisiones, salvo el pescado, que lo vendían en la misma orilla los pescadores de Mazagón o de Sanlúcar.

Pues a este muchacho, que tenía que pasar por Hinojos en su trayecto, ella le contrató sus servicios.

Esta vez iba sola, montada en la mula, llevando cargado todo su equipaje en las angarillas o en el serón con el que se enjaezaba al animal para el viaje, junto con todas las provisiones, alimentos, garbanzos, azúcar, etc., que el muchacho llevaba, y que en la aldea del Rocío esperaba Matías, dueño de la única tienda de comestibles que allí había.

El chaval de Pilas, por lo visto, trataba a su mula con mucha dureza, dándole con una vara en el cuello con mucha frecuencia; y una de estas veces le vino a dar de tal forma que se la clavó en la yugular y, lógicamente, el animal empezó a desangrarse. Al principio no le dieron importancia, pero, siguiendo el camino, la mula se desplomó desangrada y muerta.

Y allí se quedaron tirados a mitad de camino, con el animal muerto y todo lo que iba en el serón, junto con el equipaje de mi tía, otra vez esparcido en medio del camino. Comenzó a hacerse de noche.

Hay que saber que todos esos pinares de los Montes Propios de Hinojos y del Coto del Lomo del Grullo o Coto Rey estaban plagados de lobos, y ese era el miedo principal aquella noche: que atraídos por el olor de la mula muerta y de las provisiones, les atacaran también a ellos.

Afortunadamente acertaron a pasar por allí unos carboneros, porque todo ese pinar se dedicaba a producir carbón vegetal, en los boliches famosos que hacían los hinojeros y los almonteños, y estos fueron los que llevaron la voz de alarma al Rocío. Pero se les hizo de noche cerrada y allí no aparecía nadie a recogerlos.

Mi tía dijo que pasó, oyendo aullar a los lobos, la peor noche de su vida, y que a ella le sirvió mucho esta prueba para creer en Dios y afianzar su fe en la Providencia, porque, mientras que aullaban los lobos y les parecía que venían a comérselos de un momento a otro, ella solamente recitaba los versos de san Juan de la Cruz, de la *Noche oscura del alma*:

¡Oh noche amable más que la alborada!,
¡oh noche que juntaste Amado con amada, amada en el Amado transformada!

Así pasaron la noche y a las claritas del día, ¡oh música celestial y salvadora!, sonaron desde lejos los cascabeles de las mulas que tiraban del carro de Matías, que los rescató sanos y salvo del medio de aquel camino inhóspito e impracticable.

Estos son los episodios en los que se ve que la devoción y el amor a la Virgen del Rocío muchas veces no encuentra límites ni obstáculos hasta lograr lo que ansía. A pesar de los sustos que pasaba en estos caminos, estos fueron unos entre tantos, ella pasaba unos días en oración, junto a la Virgen, con muchísimo frío, en aquellos humedales inhabitables a riesgo de una posible pulmonía, pero a Carmen no le importaba en absoluto. Téngase en cuenta que ella usaba el agua del pocito de la Virgen, que aún está frente al santuario, como una medicina para todo. Cada vez que se encontraba mal, pedía que se la trajeran y se la bebía religiosamente. Mi tío Curro, que tenía una farmacia, analizaba el agua, porque le daba miedo que cogiera un paludismo o cualquier otro tipo de enfermedad infecciosa, como el cólera o vaya usted a saber cuál. Los informes del análisis del agua decían siempre lo mismo: «Se han encontrado presentes en el agua examinada, estreptococos bactericida, estafilococos áureos y esporas de clostridium. Agua no apta para el consumo humano». Pero ella se curaba de todo cuando la bebía.

De la fuente clara de la fe de esta mujer, hemos bebido nosotros, mis hermanos y yo, la devoción a la Virgen del Rocío. Ella me decía lo que yo hoy le digo a mis hijos: «Acudid a ella en toda tribulación y problema, porque la Virgen nos quiere a nosotros con predilección…». Y proseguía contando casos y milagros recibidos por las distintas generaciones de la familia. ¿Quién no sería rociero después de haber tenido una tía así?

Era lógico que las vivencias rocieras de muchas personas, semejantes a Carmen Pérez, dieran lugar a lo que vino después: un auténtico torrente de letras y músicas hablando de El Rocío. Lo de la explosión de la sevillana rociera a partir de finales de los años sesenta tiene algo de providencial y misterioso; porque es muy llamativo que en tres lugares distintos, simultáneamente y sin conexión conocida entre ellos, se empiecen a componer sevillanas de temática rociera, con un estilo desconocido hasta entonces, caracterizadas por la profundidad y la calidad de sus letras y músicas.

En Almonte, la hermana del párroco don Antonio, que se llamaba Mari Pulido, funda un coro de mujeres y es la primera persona que hace oraciones a la Virgen por sevillanas, en primera persona, dirigiéndose a la Virgen como si mantuviera un diálogo con ella, y les pone música aflamencada. Aquí está el germen o la primera manifestación de lo que hoy es la plegaria rociera:

Y mis padres me hablaron de ti,
Virgen del Rocío.

En la Parroquia de Gines un grupo de chicos, entre los que están Alfredo Santiago, Gabriel Hurtado y los hermanos Baras, compone un rosario por sevillanas y aparecen las primeras sevillanas con el estilo propiamente de Gines, *Lloran los pinos del coto* y muchas más, que dan lugar al grupo de Amigos de Gines.

En la Puebla del Río, y para recaudar fondos para la construcción de Casa de Hermandad en el Rocío, empiezan a cantar juntos por sevillanas cinco amigos. De ahí saldrá lo que después sería el conjunto de Los Romeros de la Puebla: Juan Díaz, Manolo Cabello, José Angulo, Faustino Cabello y José Manuel Moya.

Inolvidable aquella sevillana que cantaron para alentar a la gente a dar dinero para la obra:

La Puebla en el Rocío
no tiene casa,
tiene un cielo de estrellas
y de esperanzas.
La Virgen dice
que el día que la tenga
Dios la bendice.

Verdad es que, ya en 1961, los Hermanos Reyes de Castilleja de la Cuesta habían grabado una sevillana que decía:

Ese lirio, peregrino,
que no lo pisen los bueyes.
Cógelo tú, carretero.
Cógelo tú, con cariño,
que la Virgen del Rocío
lo quiere para su Niño.

Y otras muchas en las que se hablaba a retazos del Rocío: *El que quiera ir al Rocío, que vaya por las arenas.* O aquella famosísima que cantaron todos los rocieros: *Quién me habrá quitao la manta, que anoche dormí en el suelo.* Y también aquella otra de *El puente del Anjolí, hecho de palos podríos…*

Pero esto era otra cosa. No era una sevillana aislada, era toda una filosofía o pensamiento rociero que se manifestaba en bloque con decenas de sevillanas de la misma temática.

No deja de parecer curioso, y hasta podría obedecer a un plan, digamos, divino, el que en este año 1968, casi recién terminado el Concilio Vaticano II, que permitió los cantos religiosos en lengua vernácula, apareciera en tres puntos distintos esta forma de componer y de escribir. Después hablaremos algo más de esto, pero ahora volvamos a la casa de mi abuelo en Hinojos, para que termine de contaros cómo se forjó mi vocación de compositor.

Ciertamente mi familia era muy aficionada a la música, y después del indulto del piano imputado de ser el causante de la muerte de mi abuela, nuestra afición común se desbordó tras haber estado muchos años reprimida por el luto.

Mi madre escuchaba sobre todo zarzuela y música española; y desde niños estuvimos muy en contacto con Falla, Albéniz y Granados, y con todas las zarzuelas famosas: *La revoltosa, La verbena de la paloma, Los gavilanes, Doña Francisquita, La rosa del azafrán…*

En un tocadiscos típico de los años sesenta, no dejaba de sonar cada día toda esa música, que es la base para tener y desarrollar *buen gusto* musical y literario.

Yo recomiendo a todo aquel que quiera componer que, aunque se deje llevar por lo que el corazón le dicte, tenga oídos y aprendidos todos los resortes de la música culta española. Hay que saber de dónde venimos si queremos llegar a alguna parte. El acervo musical hispano, en el que incluyo toda la Hispanoamérica, Portugal y Brasil, es importantísimo y esencial en la cultura ibérica. Es necesario, si se quiere producir música y literatura de calidad, conocer todo lo que en música y literatura se ha generado y extendido por el mundo desde esta *piel de toro* de nuestros lamentos.

Mi tío Curro Pérez-Vera, que no tenía hijos y venía a pasar todos los fines de semana a Hinojos, no era de sentarse a escuchar música clásica, ya que le interesaba mucho más el flamenco, y se encerraba en su cuarto a sintonizar algún programa de radio en el que radiaran los cantes antiguos de cantaores de cuyos nombres no me acuerdo. Mientras tanto, mi tía Regla García-Junco, su mujer, a la que solo le gustaba la música clásica y tenía un tocadiscos en su salita de estar, escuchaba a Mozart, Schubert, valses de Strauss… y algunas óperas como *Carmen* de Bizet y *La traviata* de Verdi.

Así que toda aquella mezcla, la Niña de los Peines, la Argentinita, las sevillanas hinojeras, el pianillo de los gitanos, las sevillanas de la orquestita de violines de la feria de Sevilla, el flamenco de mi tío Curro, las zarzuelas de mi madre, Falla, Albéniz y Granados, el piano de mi casa, la música clásica de mi tía Regla…; en fin, que hubiera sido como para volverse loco con toda esa mezcolanza, pero a mí me sirvió como un substrato musical donde siempre he apoyado mis melodías.

Pero ¿de qué sirve la formación musical sin sentimiento y sin alma para captar la belleza e intentar reproducirla? Y es ahí donde intervino nuestra madre; porque ella no solo escuchaba música, sino que la interpretaba cantando. De ella fue de quien aprendimos a cantar, que no solo es echar sonidos por la boca, sino dar voz a los sentimientos del alma. Y ella lo había aprendido de su padre, mi abuelo Juan Hernández.

Mis dos abuelos, Feliciano y Juan, se quedaron huérfanos a los diecisiete años, pero la reacción de cada uno de ellos a tan triste destino fue diferente.

Mi abuelo Feliciano heredó de su padre una ganadería brava que era una enorme ruina, y una concesión administrativa de pastos en la marisma de Hinojos; al quedarse huérfano vendió la ganadería, agachó la cabeza, se montó en el caballo y pasó su juventud cuidando el ganado…; aguantando aguaceros y veranos tórridos, soledad y penuria, allí, en las doce mil hectáreas planas y sin árboles de la marisma Gallega, hasta que pudo levantar cabeza. Así nos legó, de sus años marismeños, la devoción a la Virgen del Rocío, cuya ermita estaba a una hora a caballo, y una cierta visión pesimista de la vida. La belleza de la planicie marismeña, verde en primavera y otoño, ocre en los veranos desérticos...; sus lagunas llenas de aves africanas y europeas que venían a anidar allí...; el continuo olor a mar que trasportaban los céfiros atlánticos...; sus cielos estrellados, sus amaneceres asombrosos y sus atardeceres rojos y violetas, cuando la bola de fuego del sol se levanta y se pone en aquel siempre desnudo horizonte…; toda esa belleza, que a cualquiera puede convertirle en un ser contemplativo y sensible, no le llegaba en absoluto a su alma. Él solo pensaba en huir de allí, porque vivía el ser marismeño como un castigo. De hecho, buscó en la fortuna de mi abuela un medio de salir de allí y se casó con ella.

Mi abuelo Juan Hernández, en cambio, heredó una pequeña fortuna que no supo administrar y terminó perdiendo; porque él había nacido para el amor, la aventura y la libertad, y no para gestionar un negocio minero ni ocuparse de la recolección de la almendra. Por eso su vida fue la tragedia de ver cómo iba perdiendo, poco a poco, todo lo que tenía, sin saber cómo impedirlo. Pero él sabía cantar. Y el cante fue su medicina. Había aprendido de los mineros que trabajaban en su mina, La Paloma, el cante de las minas, y otros cantes flamencos. Y, cada vez que le llegaba una mala noticia, él se echaba a cantar para olvidar, para evadirse.

Nosotros no conocimos a nuestro abuelo Juan; solo sabemos que en el pueblo de Fuente Álamo de Murcia, en su finca de Lotiyí, donde él acabó sus días aún siendo joven, todos se arremolinaban para escucharlo. Supongo que cantaría con el mismo sentimiento, con el lamento profundo, con el que impregna al alma de los hombres las desgracias, las tragedias y los dolores intensos que marcan los corazones. Su vida irrepetible, dramática y aventurera le había llagado el alma, y él cantaba desde el alma. Y eso fue precisamente lo que nos legó: una determinada forma de cantar, que nosotros aprendimos de nuestra madre. Dicho de otra forma, de aquella irrepetible mujer aprendimos el buen gusto y el sentimiento a la hora de cantar.

Cuando murió mi abuelo Juan y la familia perdió la finca de Lotiyí, se trasladaron a un viejo caserón que aún les quedaba en Cartagena, cerca de la Iglesia de la Virgen de la Caridad. Y allí la tragedia siguió su curso, con el telón de fondo de la guerra civil española: murieron los maridos de las hermanas mayores de mi madre, quedándose viudas; murieron mis tíos, Juan y Rafael, en la guerra; mi tío Pedro se exilió… No sé cómo se les ocurrió, en medio de tantas lágrimas, apuntar a los niños de la casa al conservatorio, pero así lo hicieron, y mis primos, Antonio Soto y Antonio Sánchez, aprendieron a tocar cada uno un instrumento, mientras mi madre recibía clases de canto.

Todas las noches tocaban y cantaban, reunidos alrededor de mi pobre abuela, Rosario Barcelona. Y las desgracias que herían el alma de aquella familia los hizo tener una sensibilidad muy viva. Y aquel *lamento interior* de mi abuelo Juan pasó a la generación siguiente. Toda esta historia la conté en mi novela *El inocente*, que viene a desarrollar una teoría sobre lo que es la mala suerte y cómo hacemos para liberarnos de ella.

No sé cómo explicaros esto del *lamento interior* que impregna la música y la voz. Es como un eco que llega desde lo más profundo del alma del intérprete y que, al salir afuera, enamora y afecta a los que lo oyen, porque te envuelve en su vivencia y te transmite lo que quiere expresar. Algunos le llaman a esto *el buen gusto* cantando. Pero yo creo que es mucho más; por eso yo le llamo *lamento interior*. Y no es necesario cantar con una voz espléndida para transmitirlo. Pensad por ejemplo en cómo cantaba Chavela Vargas y cómo trasmitía.

Mi madre tenía ese lamento porque lo heredó de su padre y, cuando cantaba, era mucho más que unas cuerdas vocales vibrando lo que escuchábamos, era todo un mundo interior en el que te hacía participar.

Recuerdo algunas arias que interpretaba, extraídas de algunas zarzuelas españolas:

En un país de fábula vivía un viejo artista
que en una flauta mágica tenía su caudal.
Tan pobre era y tan rústico que el mísero flautista
dormía en copas de árboles más alto que un alar.
Y los pájaros de la selva le venían a despertar...
Y el viejo flautista tocaba a su vez
diciendo a las aves con gran altivez:
«Yo también soy un pájaro viejo
que llenó de trinos el aire invernal.
Vosotros cantáis endechas de amor.
Yo canto amarguras de mi corazón».

Era maravilloso verla cantar con los ojos cerrados y escuchar cómo a veces echaba fuera la voz con fuerza, y otras, la recogía con dulzura; y decía cada palabra, si triste, con tristeza, si alegre, con alegría. Ahora, cuando escucho cantar a mi hermano Juan Rafael, no dejo de emocionarme, pues ha heredado ese *lamento interior* de mi abuelo Juan y de mi madre; pues se canta para expresar sentimientos y para comunicarlos a quienes te escuchan; y ese don de *llegar al corazón de los hombres* con la música y la voz son pocos los que lo tienen. Y todo esto que os cuento ha sido una poderosa influencia en mi forma de componer. Si el alma quiere cantar y decir algo, hay que dejarla que se exprese; si no se tiene nada que decir, mejor dejarla que permanezca en silencio; pero forzarla a escribir, buscando la fama y la notoriedad, de ninguna manera se debe hacer.

Muchas veces pienso que si no hubiera nacido en Hinojos no me hubiera dado por escribir y componer. Hinojos es un pueblo muy especial en lo referente a la música. Allí no se encontraban, cuando yo era niño, grandes *cantaores* de flamenco como en Morón, Utrera y otros pueblos; y, salvo las colombianas y las *cantiñas* que cantaban algunos hombres en las tabernas mientras bebían, y las saetas en Semana Santa, no se escuchaba mucho flamenco. Pero en Hinojos había otra música maravillosa: la que servía para solemnizar las celebraciones religiosas.

Aquel pequeño pueblo católico y devoto…, aquel Hinojos de entonces…, aquel pueblo agrícola que vivía al son de sus campanas era como un hombre de campo duro y fuerte pero con alma de niño y tenía un don especial: el don de cantar siempre afinado. Y, cuando en la iglesia se entonaban los himnos propios de cada fiesta, era maravilloso escuchar a hombres rudos de campo y a mujeres, simples amas de casa, cantando a diferentes voces, sin que nadie perdiese una nota.

Antonio, el Mellizo, al que ya conocéis como sochantre de la parroquia, en un viejo y dulce armonio daba el tono y la melodía de la canción al que se iba a cantar, componiendo unos primeros acordes, y el pueblo entero, que atiborraba la iglesia, cantaba a una sola voz.

Las mujeres a dos voces; y los hombres, que se situaban todos juntos en los bancos traseros de la iglesia, y en un gran banco de madera tallada que llamaban el *banco de las ánimas*, les hacían los bajos y los tenores.

Cualquier himno era maravilloso de escuchar, pero sobre todo recuerdo y, recordándolo, canto todavía con emoción la *Comunión espiritual*:

Ya sé que ahora no puedo
recibirte, Mi Señor.
Sacramentado Jesús Mío
por Ti, suspiro de amor.
Ven a mi alma;
ven a mi corazón
espiritualmente
a abrazarme en Tu Amor.
Como si ya estuvieses conmigo,
Contigo me uno:
¡no me dejéis, Señor!

La Parroquia de Santiago el Mayor, de Hinojos, era un verdadero centro musical, pues, estando el calendario católico lleno de fiestas, siempre había algo que celebrar y se celebraba cantando.

En la Navidad, los sietes días antes de nacer el Niño, se cantaban las Jornaditas, que son los siete días de camino desde Nazaret a Belén que hicieron María y José para empadronarse en la ciudad de David.

El cura entonaba, a la hora de vísperas, cada día una antífona diferente, empezando todas por la admiración: «¡Oh!... Oh, Sapientia, Oh, Adonai, Oh Radix Jesse...».

Y el coro cantaba aquellos villancicos, tan flamencos algunos de ellos; ese coro de castañuelas y panderetas que tenía su momento estelar en la misa del gallo, cuando todo el pueblo se reunía a las doce en punto de la noche del día veinticuatro, desafiando el sueño y la fría humedad de la iglesia, para ver bajar una paloma hecha en madera, que tiraba de un paño blanco y descubría al Niño en la cuna. Cristo acababa de nacer y todo el pueblo cantaba aquello de:

Dejemos hoy las cabañas.
Recojamos el ganado.
Que el Mesías anhelado
ha nacido en un portal.

Durante el mes de octubre se cantaba cada noche el rosario y salían los campanilleros por las calles del pueblo para el rosario de la aurora. Escuchar pasar cantando a los campanilleros, desde la cama, cuando se es niño, te deja grabadas a fuego enormes sensaciones de belleza, de armonía y de paz.

Para el Domingo de Resurrección la parroquia se vestía de gala, pues venían cantores desde Sevilla y, entre violines y violonchelos, se elevaban las voces de los tenores cantando en latín la misa de Pío X. Era una música culta, muy diferente a la que generalmente se cantaba y escuchaba en Hinojos, pero formaba parte del mosaico musical del pueblo.

Las bandas de música que venían a acompañar las procesiones y a tocar diana los días de fiesta, o el sencillo tamborilero con que se despertaban las mañanas para el Rocío o el Romerito, también forman parte de mis recuerdos musicales de niño.

Pero donde se fraguó mi vocación por la literatura fue en la Escuela Nacional de Hinojos, a la que asistí hasta los diez años, cuando mis padres me enviaron a un internado.

Era la época de los maestros nacionales, que *cogían* al niño con seis años y lo acompañaban en su formación hasta los diez, en que comenzaba el bachillerato.

Mi maestro se llamaba don Francisco Barrera y nos recitaba en voz alta los poemas que entonces se estudiaban en la escuela: Campoamor, Espronceda, Bécquer…

Después nos los hacía aprender de memoria, no sin antes hacérnoslos comprender, explicándonos qué quería transmitir el autor, por qué usaba esta métrica y no otra, etc.

Él nos enseñó a contar las sílabas de los versos, la diferencia entre rima asonante y consonante, y las reglas básicas para escribir. Aún parece que le oigo repetir: «No se rima con gerundios, ni con diminutivos, ni con tiempos verbales…».

A veces elegía un verso de un poema y nos lo leía una y otra vez: «Mirad qué verso más bonito: Porque son verdes tus ojos, verdes como el mar, te quejas…».

Y cómo me taladraban el corazón las *Coplas de Jorge Manrique a la muerte de su padre* cuando él las recitaba:

Recuerde el alma dormida,
avive el seso y despierte
contemplando,
como se pasa la vida
como se viene la muerte
tan callando…

Nuestras vidas son los ríos
que van a dar a la mar
que es el morir…

Al aprender de memoria todos aquellos poemas, en realidad aprendíamos a escribir; pues en imitar lo que se conoce, aunque no nos pertenezca, está el comienzo de toda creación.

Cuando cumplí diez años, se acabó mi vida en Hinojos y comencé mis estudios de bachillerato, en el Colegio Salesiano de la Palma del Condado. Aunque mi padre había estudiado en los Jesuitas de Sevilla, en el colegio, hoy desaparecido, de San Luis Gonzaga, frente a la Academia de Baile de Realito en la calle Trajano, prefirieron para mis hermanos y para mí la educación de los Salesianos, en cuyo colegio de Utrera había estudiado mi tío Curro.

De la vecindad del Colegio San Luis Gonzaga con la Academia de Baile de Realito, mi padre nos contó muchas anécdotas, porque desde su habitación se veía la sala de baile y se escuchaba el piano, acompañando a los que iban a aprender a bailar y un continuo repiqueteo de castañuelas.

Estamos hablando de la Sevilla de los años treinta y aprendía allí por entonces Antonio Ruiz Soler, Antonio el Bailarín, entre otros grandes artistas que pasearon por el mundo el baile clásico español y el baile flamenco, y que tuvieron por base las enseñanzas de Realito.

Allí también aprendieron a bailar muchas mujeres de Sevilla; entre otras, mi tía Regla García-Junco y la *prima* María, una prima de mi padre, a las que vi bailar cuando yo niño, muchas veces.

Permitidme un pequeño inciso aquí sobre este tema. El baile por sevillanas de Realito era un baile con mucha fuerza; muy desinhibido; enérgico y potente. Las vueltas muy pronunciadas, casi violentas, tanto que las mujeres enseñaban las piernas al levantársele la falda llena de volantes.

Las miradas de la mujer se dirigían a veces al cielo y, a veces, a los lados, por encima del hombro, con teatralidad. Era la famosa muletilla del baile de la mujer y el itinerario que debían seguir los brazos de arriba abajo: *cojo la manzana, la muerdo y la tiro.*

El torso no se mantenía tieso, sino que se quebraba muchas veces hacia los lados haciendo que los madroños de las castañuelas casi tocaran el suelo. Los pasos se marcaban mucho y, en las pasadas de un lado a otro, se daban algunos saltitos, como se ve hoy cuando se bailan *las sevillanas boleras.* Las castañuelas sonaban sin parar y se llevaban adornadas de cintas y tiras de madroños. Supongo que Realito sería discípulo del Maestro Otero, pero no lo puedo asegurar, porque en Sevilla está otra corriente de baile muy diferente, que es la Escuela Sevillana de Baile, de la que fueron exponentes Enrique, el Cojo, Manuela Vargas y, aún hoy, Matilde Coral y otros, donde prima la expresividad de las manos, el rostro y el torso sobre el ritmo de los pies. Es un baile maravillosamente hierático, elegante e inspirador, muy distinto al de Realito, que tuvo su continuación en Adelita Domingo y su academia de la Alameda de Hércules.

De cualquier forma ese baile añejo, tanto de una escuela como de otra, nada tiene que ver con la forma de bailar de hoy día. Ahora se ha puesto de moda la *creatividad* en el baile, de forma que cada cual baila según le parece, y han mandado a freír espárragos las normas que escribiera a finales del siglo XIX nuestro inolvidable Maestro Otero.

Pero volviendo a mi llegada al Colegio de los Salesianos de la Palma, sabido es que san Juan Bosco llegaba al corazón de los niños a través de lo lúdico: el deporte y la música, fundamentalmente. Así que nada más entrar en el colegio, me hicieron unas pruebas de voz y me pusieron a cantar de solista en las celebraciones religiosas. Al mismo tiempo comencé a tocar la guitarra, la bandurria y el piano, y recibí una cierta formación musical.

En aquel internado había niños de todas las partes de España, sobre todo gallegos y castellanos; y, cuando estábamos en clase de música peleándonos con las partituras del *Momento musical de Schubert,* yo aprovechaba que se iba el profesor y les cantaba a mis compañeros las sevillanas que había aprendido del gramófono de Antonio, el Mellizo, y de los mayores de Hinojos.

La clase de música se revolucionaba y más de una vez me llevé un castigo por parte del profesor, pero yo veía que a mis amigos les gustaba lo que les cantaba y que ellos no tenían en sus regiones un folclore como el nuestro. Esto me enorgullecía y encontraba una razón más para hacer lo que ya me rondaba por la cabeza: escribir canciones y componer sevillanas como las antiguas.

La guitarra era entonces mi instrumento preferido, porque la llevabas a cualquier sitio y podías alegrar una fiesta. Para hacer disfrutar a mis amigos hice, ya desde estos años de colegio, rumbas y alguna sevillana.

Muchas personas me han preguntado por qué no me he dedicado a escribir canciones melódicas que quizás hubieran tenido éxito. Pero componer es como un camino que se elige desde muy pronto, y por él se sigue en consecuencia.

En estos años, triunfaban grupos como los Beatles o, en España, Los Bravos, Formula V... o cantantes como Elvis Presley. Y muchos de mis amigos cantaban en inglés, algo que a mí me repugnaba. ¿Cómo va a cantar el alma en un idioma que no ha conocido desde que empezó a existir? ¿Cómo apartarse del latido y la voz de la tierra en la que Dios nos hace nacer?

Yo empecé desde niño a investigar nuestro folclore y después quise engrandecerlo siguiendo las mismas raíces de las que venimos; no me quedó tiempo ni ganas para *diversificar*. Teniendo en cuenta que mi profesión jurídica y financiera no me ha dejado mucho tiempo libre, he seguido, en mi tiempo libre como una afición, la senda que emprendí cuando niño: las sevillanas; ellas me han proporcionado muchas alegrías y me han acercado a muchas personas que han sido felices cantando y bailando lo que yo componía. El tiempo que muchos de mis amigos le han dedicado al deporte, a las cacerías, al caballo…, ese tiempo de relax y diversión lo he dedicado yo a escribir mis canciones y mis novelas.

Definitivamente creo que fue en este periodo, en el Colegio de los Salesianos, donde se fraguó mi vocación de compositor, mi amor por la música y por la poesía.

Aquella sala de música del colegio, con los armarios llenos de guitarras, bandurrias y laudes…, un par de pianos siempre abiertos… y aquella biblioteca enorme llena de libros de todas clases, singularmente de poesía, eran el hábitat en el que yo me sentía feliz.

Cuando sonaba la campana para señalar tiempo de deporte o de recreo, siempre me llamaba el profesor de música para ensayar, ya fueran canciones para las misas o pequeños papeles en las obras de teatro que se montaban para celebrar las fiestas del colegio. Hay que tener en cuenta que los niños en los internados de aquella época solo iban a casa en Navidad, Semana Santa y verano. El resto del año, estábamos allí dentro encerrados; y el deporte, la música y el teatro llenaban el tiempo que no le dedicábamos al estudio. Yo, por mis circunstancias personales, me convertí en un desastre para el fútbol o el baloncesto, pero desarrollé todo esto de lo que estamos hablando.

Otro elemento importante de estos años de internado en el Colegio de los Salesianos de la Palma del Condado eran los concursos literarios que se hacían. Recuerdo que gané algunos de estos, y haber dejado en el colegio las catorce estaciones de un vía crucis escritas en verso y algunos himnos a la Purísima Concepción. Tendría yo unos once años cuando los escribí y estaban plagados de fallos, pero ya eran el inicio de una vocación literaria y musical.

Desde entonces hasta hoy, nunca me he separado de la estructura musical de las sevillanas antiguas: usando el compás de tres por cuatro, tres compases para la introducción, nueve compases para cada uno de los tres cuerpos y entre cuerpo y cuerpo un intermedio de tres compases. Así tiene que ser la sevillana si se quiere bailar; y mientras más se marquen los compases más se siente el deseo de bailarlas. Las claquetas de los modernos estudios de grabación han *emborronado* el típico compás de tres por cuatro, y por eso se escuchan cosas que no parecen sevillanas, y la gente cuando quiere divertirse y bailar a gusto acude una y otra vez a las sevillanas antiguas.

Yo sigo componiendo así y, mientras escribo estas líneas, suena por los medios una sevillana que he compuesto para María del Monte, *Pintado en la pared*, que está siendo un gran éxito. Todos dicen que es una sevillana clásica: de toda la vida. Pues eso he tratado de conseguir siempre. Estamos en el año 2024, y muy bien podría cantar Trinidad, la Parata, la Niña de los Peines o la Argentinita este *Pintado en la pared*, porque los cánones, como en el toreo y en todo lo andaluz, son los cánones, y hay que respetarlos.

La sevillana tiene que tener musicalidad; es decir, una línea melódica atractiva y variada y que no sea monótona. Para que guste al público, tiene que tener una música diferente, divertida, sorprendente, novedosa y graciosa. Toda música que sea monocorde y monótona no vale para nuestro género.

A llegar las vacaciones regresaba a Hinojos y una de mis diversiones preferidas era visitar a un primo, bastante mayor que yo, que se llamaba Marcelino Rodríguez. Era secretario responsable del Juzgado de Paz y encargado del Registro Civil, y también cantaba muchas canciones y sevillanas antiguas, con aquella memoria prodigiosa que tenía. Yo, aunque era mucho más joven que él, lo acompañaba a sus gestiones diversas por los domicilios del pueblo a los que le llevaban los asuntos judiciales de su profesión.

Era muy divertido acompañarlo por las calles de Hinojos, mientras él hacía sus gestiones, llevando autos y citaciones judiciales, partidas de nacimiento, matrimonio o defunción... Él, con cualquier papel del juzgado o gestión que tuviera que hacer, se echaba a andar y se paraba a hablar con todas las personas que se encontraba a su paso. Y, para divertirme, hacía que estas personas contaran *historias antiguas* de todo tipo, que después han sido la base de casi todas las novelas que he escrito.

Hubo en Hinojos, en el año 1855, una grandísima epidemia, no se sabe si de viruela o de cólera.

Parece ser que alguien, de algún pueblo vecino, dejó abandonadas en el callejón de la Bollulla una serie de mantas de Grazalema, muy apreciadas en aquella época por la calidad de su lana. Las mantas parecían estar en buen estado, y los primeros que las vieron abandonadas se las apropiaron llevándolas a sus casas. Pero en ellas estuvo el principio del mal. Las mantas estaban infectadas de algún virus y se desató una tremenda epidemia en la que el pueblo prácticamente desapareció, pues murieron casi todos, salvo unos pocos.

Por miedo al contagio, los que aún seguían vivos, dejaron sin enterrar dentro de sus casas o enterraron de mala manera a los fallecidos. Esto, y que muchos se negaron a ayudar a los enfermos, hizo que los que se morían lo hiciesen llenos de odio y maldiciendo a los vivos; es el llamado *rencor de los muertos*, una especie de maldición inextinguible que muchos creían que aún flotaba en el aura del pueblo y a la que achacaban las cosas terribles que sucedían, como, por ejemplo, los suicidas que con tanta frecuencia acababan con sus vidas arrojándose al fondo de los pozos. No había en Hinojos forma de suicidarse que estuviese más a mano que la de arrojarse a un pozo si no se sabía nadar, que era lo común. Pero también esta maldición de los muertos era la causa de que, según contaban los antiguos, hubiera en el pueblo muchas *presencias*; es decir, fenómenos paranormales... Todas estas historias de cuadros en que se manifestaban espíritus, de habitaciones llenas de un frío insoportable aun en pleno verano, de voces que se escuchaban aquí y allá, de maldiciones que se cumplían, de mensajes escritos en las paredes que aparecían de repente, de muertes prematuras, vientres yermos, castigos anunciados y cumplidos, presagios, clarividencias, adivinaciones, curanderismo...; todo eso constituyó para mí todo un mundo literario que desarrollé en las novelas que he escrito, fundamentalmente en *Fuerte es el amor más que la muerte, El inocente, Después de recorrer el mundo entero* y *Lo que los ojos no ven.*

Esta forma de literatura, que muchos creen que se parece a la de Gabriel García Márquez, se ha dado en llamar por algunos *realismo mágico andaluz*, que no es más que una serie de elementos literarios incluidos en estas narraciones, que se basan en las creencias sobrenaturales de nuestros pueblos y de nuestra gente.

Yo puedo decir que en estas novelas que he escrito no he inventado nada, pues, así como me lo contaron, así lo escribí yo. Y os invito a leer alguna de ellas, porque lo pasaréis bien.

Por aquellos años de mitad de finales de la década de los años sesenta del pasado siglo, mi familia comenzó a pasar los veranos en la casa que tenemos en el Rocío, de la que ya he contado.

Recuerdo que, al principio, íbamos solo para el Rocío Chico, que se celebra el dieciocho de agosto, y pasábamos unos días en la aldea que, cada año, se iban alargando más, hasta que terminamos pasando el mes de agosto completo.

Como antes conté, entonces el Rocío era una pequeña aldea de no más de cien casas y todo lo demás eran chozas. La antigua iglesia mudéjar-barroca se había derribado para construir un nuevo templo, y la Virgen estaba en una pequeña ermita, que todos llamaban *provisional*, a la espera de que se construyera el actual santuario.

Al mismo tiempo que nosotros, comenzaron a veranear allí algunas familias. No quiero enumerarlas para no dejarme atrás a ninguna; solo decir que la amistad que surgió entre nosotros fue muy grande y perdura todavía.

Fuimos los pioneros de una forma de veranear que tenía como centro la devoción a la Virgen, los paseos a caballo por los bonitos campos de los alrededores de la aldea y las reuniones en las casas.

Al ser un lugar perdido en medio del campo, sin bares ni restaurantes ni cines o discotecas, nos juntábamos en las casas de unos y otros para cenar, o merendar, o quedarnos simplemente de tertulia hasta las tantas de la mañana.

Eran reuniones de amigos con mucha mezcla de edades, que rotaban de casa en casa siempre con la fiesta y las guitarras por delante.

Uno de estos veranos, eran ya los años setenta, aparecieron en casa de uno de los amigos del grupo Rafael de León y Juan Solano.

Este amigo era Carlos Ruiz Padilla, conde de Casa Padilla, que tenía un piano de cola en su casa de la plaza Menor. Allí me iba yo con mis partituras a practicar cuando, uno de estos días, me encontré con la sorpresa de estos ilustres invitados. Este importante encuentro iba a ser vital para iniciarme como compositor conocido y me influyó poderosamente porque eran autores consagrados de la copla española, a los que tuve la oportunidad de enseñarles mis primeras composiciones.

Rafael me dijo que yo estaba preparado para iniciar mi carrera de autor, porque las cosas que yo le había presentado le gustaban mucho y pensaba que tendrían gancho con el público. Acordamos que me haría socio de la Sociedad General de Autores y que ellos dos serían mis avales para poder incorporarme a ella.

Yo tenía dieciséis años y con la firma de mi padre, por ser yo menor de edad, y las de Rafael y Juan, pude pasar mis exámenes para entrar a formar parte de dicha sociedad de los autores de España, que desde entonces ha custodiado y administrado mi repertorio.

Dice la canción de Juan Manuel Serrat:

Uno se cree que las mató el tiempo y la ausencia
pero su tren tenía billetes de ida y vuelta...
Son esas pequeñas cosas
que nos dejó aquel tiempo de rosas.

Esto me ha sucedido con Rafael de León, puesto que al cabo de los años, ya Rafael desaparecido, volví a encontrarme con él, y de qué forma, cuando creía que nunca más volvería a saber de él. Pero el tren de aquel encuentro tenía billete de ida y vuelta, así que después de haberme ayudado a formar parte de la sociedad de autores, y de aprender yo muchas cosas de él y de las historias que contaba, creía que ya se había acabado nuestra relación. Yo seguí admirándolo, cantando sus coplas y leyendo su poesía, pero nunca supe más de él, salvo que murió algunos años más tarde.

Pero en plena pandemia surgió la invitación por parte de la familia De León, cuya sobrina, Reyes de León, se había convertido en heredera universal del poeta, para revisar todo lo que debía haber sido la biblioteca de Rafael de León. Nunca llegaron los miles de libros que creímos que debían formarla, pero nos llegaron trece carpetas azules, en las cuales estaban los originales, escritos a mano, de casi todo lo que Rafael de León había creado.

La experiencia de haberme enfrentado a los originales, a sus apuntes, cuadernos..., aprender de su técnica, comprobar que muchas cosas que se contaban sobre el origen y forma de nacer de algunas de sus canciones era verdad y tener las pruebas allí frente a nuestros ojos...; en fin, sería necesario un pequeño libro para relatar esa intensa experiencia llevada a cabo en plena pandemia y con las mascarillas puestas.

Fruto de esta revisión y puesta al día, ha sido el libro, *Rafael de León. Poesía Completa,* publicado por la Editorial Cántico, en su colección Doble Orilla, que hemos presentado hace pocas semanas. Después volveré a hablar del Rafael de León autor de sevillanas, eternas y míticas, que son la cumbre literaria de nuestras sevillanas actuales.

Mis padres tenían un grupo de matrimonios amigos, muy aficionados todos ellos a cantar, y alguna señora entre ellos tocaba la guitarra. Estos organizaban fiestas a las que solían traer algunos *cantaores*. Y fue en estas fiestas de mis padres y sus amigos donde apareció un día, y después de aquel día muchos más días, Paco Palacios, el Pali.

Él todavía no había grabado ningún disco ni era el famoso personaje que después fue, y cantaba sobre todo fandangos y algún palo del flamenco sencillo y, solo de vez en cuando, alguna sevillana. La manera de *decir* sus letras era muy diferente; se puede decir que las escenificaba y las cantaba por lento, cosa que hasta entonces no se había hecho. La temática siempre recurrente de la *Sevilla perdida* y el uso de palabras que no se encuentran en el diccionario, junto con su voz altísima y nasal, me gustaron mucho siempre, y creo que influyeron en aquellos doce o trece años que tendría yo entonces.

Tengo entre mis sevillanas favoritas algunas de él:

La carreta del Pití
tiene una gracia,
las ruedas en tenguerengue,
las vacas flacas.
Y el carretero,
el que bebe más vino…
el más vino bebe,
del mundo entero.

Ya no se ven cigarreras
por la calle San Fernando
con flores en la cabeza
y los mantones bordados.

Ay, Sevilla de mi alma,
que lo vas perdiendo todo:
los niños en las plazuelas
cuando jugaban al toro…
Sevilla de pregoneros,
de piropos y sonrisas,
solo te queda la esencia
del Parque de María Luisa.

Mare, ya no viene el tren
a las claritas del día
que traían los panaderos
de Alcalá de Guadaíra.
Aquellos burros cargaos
con sus blancas jangarillas
y el cante gitano y puro
de Manolito María.
Viva Alcalá y su Virgen,
que es nuestra Señá del Águila,
y el cante por soleares
de Joaquín el de la Paula.

En esta reunión de amigos de mis padres estaban los Del Estad, Consuelo y Rafael, que tenían una caseta en la feria de Sevilla que entonces se llamaba El Sofocón; hoy se llama La Gloria.

Era una familia con mucho arte, y allí conocí, siendo muy niños ambos, a la que un día sería una gran artista: María del Monte. De María dicen que es la reina de las sevillanas, y yo lo comparto porque, como cantante, las interpreta a las maravillas, y en su labor de periodista y persona del mundo de la comunicación, las difunde y las defiende; y eso es lo importante.

Al comienzo de la feria, toda aquella gran familia se reunía en la caseta ante un cuadro de la Virgen del Rocío, cubierto con unas cortinitas, y, al canto de la salve, se descorrían las cortinas, quedando el retrato de la Virgen presidiendo la caseta todos los días de la feria; y aquello era un no parar de cantar y bailar sevillanas. El último día, se hacía la ceremonia contraria: se corrían las cortinas y se tapaba la Virgen: «Hasta el año que viene, Madre Mía», y todos lloraban de pena porque la feria se había acabado.

En las casetas familiares de la feria de Sevilla de entonces, se escuchaba cantar a muchas personas que no eran profesionales y lo hacían muy bien. Recuerdo la caseta de los Ferrater, la caseta de Isidoro Alonso y de Pepe Cuqui y Marilina y otros socios y amigos en la calle Gitanillo de Triana.

A aquella caseta iban a cantar, para amenizar las noches y madrugadas hasta el amanecer, muchos gitanos de Utrera, algún grupo de sevillanas que comenzaba a ser famoso, alguna tonadillera…; pero sobre todo recuerdo a Los del Río en sus comienzos. Y tengo para mí que esa forma de rumba que ellos descubrieron y han extendido por el mundo, antecedente de la actual *rumbita flamenca*, la aprendieron de los aficionados de aquella caseta que los contrataba. Se daba la circunstancia de que allí eran socios algunos familiares de toreros que hacían la temporada taurina de las américas y se traían de allí los discos de las canciones de Armando Manzanero, de Chavela Vargas y otras muchas que triunfaban allí, como rancheras mejicanas. Pues ellos empezaron a adaptar estas canciones y cantarlas por rumbas. El resultado era espectacular y de allí, de debajo de las lonas de aquella simpática caseta, se empezaron a cantar por rumbas muchas canciones venidas de Hispanoamérica que tuvieron su cenit interpretativo en Bambino y que después continuó María Giménez. Los dos eran habituales invitados a aquella caseta.

Dieron con un filón importante para que nuestra manera de cantar llegara a un público diferente, y que siga hoy día siendo la principal forma de animación de reuniones y fiestas, por encima de la sevillana: *la rumbita flamenca.*

No somos conscientes del poder de difusión que puede llegar a tener algo que una persona aislada canta, a veces de forma privada. Así se ha difundido el flamenco desde la *toná* del Fillo en Morón, o las *seguiriyas* de Silverio...; cantes que hacía una sola persona, que los aprendió ni se sabe de quién y van de boca en boca adaptándose, cambiando, engrandeciéndose...

Nuestra rumba actual es lo que se ha dado en llamar un *cante de ida y vuelta.* Es una derivación de los *tangos de Triana* que han salido en nuestros barcos hasta Hispanoamérica y se han convertido allí en la cumbia, en la rumba, en el merengue, incluso en reguetón actual...

Pues fueron estos aficionados de aquella caseta prodigiosa los que empezaron en los años sesenta a hacer este tipo de rumbas (además de muchísimas sevillanas), que después se ha generalizado y convertido en la famosa *rumbita flamenca,* divertida, graciosa, a veces picante, cantada a coro, que invita a bailar, a la que se le ha metido nueva percusión, como la caja, la caña, incluso las maracas. Esta rumbita universal y apta para todos los oídos que hicieron Los del Río, Currito y Antonio, y hoy Los Alpresa y decenas de grupos profesionales, que invade las discotecas y las fiestas privadas, tiene, como digo, su ráiz en los olvidados *tangos de Triana,* como la tiene, se quiera o no, la *rumba catalana.*

Mucho se ha escrito y discutido sobre quién es el padre de la rumba catalana. Unos dicen que Peret y otros que Antonio González Batista, el Pescaílla, marido de Lola Flores y padre de Antonio, Lolita y Rosarillo Flores. Y aun otros mantienen que son los Gipsy Kings y un grupo de gitanos catalanes que se instalaron durante la guerra civil española en Francia.

Pero el padre de la rumba catalana, y el primero que la hizo, fue José Reyes, que era gitano jerezano emigrante a Cataluña, padre de los integrantes de Gipsy Kings, y que formó un dúo artístico durante años con Manitas de Plata, dúo que terminó rompiéndose. Este ritmo jerezano rumbero es de esa zona: Utrera, Jerez, Lebrija, y lo podemos constatar escuchando las *Cantiñas de Utrera* que grabó Bambino a finales de los años sesenta.

Ese ritmo lo lleva José Reyes, emigrante a Cataluña, y se extiende entre los gitanos de Barcelona, porque él era gitano y lo cantaba en las fiestas, bodas, bautizos... A partir de él, empezaron a inventarse rumbas de ese estilo, que han formado un género con los principales exponentes que hemos citado.

Pero, volviendo a Sevilla, su feria y sus casetas, a esta caseta de la calle Gitanillo de Triana le tengo que agradecer que desde pequeño siempre estrenaba allí mis sevillanas; es decir, que antes de que se grabaran o incluso se las presentara a los artistas, las cantaba allí para ver si gustaban. Era para mí una especie de pulsímetro, porque, si veía que mis sevillanas triunfaban entre aquellos aficionados, es que eran buenas.

A pesar de tantas noches de feria con ellos, Los del Río no grabaron muchas cosas mías, salvo alguna adaptación a rumba de mi sevillana *Llama cuando quieras.* Ni tampoco María Giménez, amiga entrañable con la que hemos compartido ratos en familia a centenares. Una voz inquebrantable que resistía las polvaredas del camino del Rocío, sin quebrarse. Una gran intérprete que supo encontrar su sitio en el hueco que dejó Bambino al retirarse.

Cuando ella era la Pipa, bailaora del tablao flamenco Los Gallos, que tan solo cantaba alguna cosita para acompañarse bailando, la ayudaron a que hiciera su primer disco de rumbas. En la presentación, le preguntó un periodista: «¿Tú cómo te defines?». Ella, sin dudarlo un instante, dijo aquello de: «Yo soy un Bambino con tetas». Tenía muy claro a dónde quería ir y cuál era el lugar que quería ocupar en la música española, lo que logró con indudable éxito.

Esta era la feria de Sevilla que conocimos, llena de arte y de artistas, de amigos y buenos momentos, cuando el flamenco y las sevillanas cobraban todo el protagonismo y los profesionales aprendían de los *amateur.*

¡Qué pena que en la feria actual, con el sonido electrónico y los altavoces, se hayan perdido esas reuniones de amigos y de familias cantando libremente, poniendo cada uno su granito de gracia! Pero los dirigentes políticos que tenemos, o no son sevillanos, o no comprenden que deben cuidar con mimo de este tesoro del *cante no profesional*, que es lo propio de Sevilla.

¡Ojalá alguien se dé cuenta de que a partir de una hora no debe haber música electrónica ni altavoces en la feria!

En mis inicios como compositor fueron muy importantes mis amigos. Para qué se quiere la vida si no hay amigos, y con ellos durante el verano rociero, cuando salíamos a caballo todas las tardes, yo empecé a componer cosas relativas a aquellos momentos que pasábamos juntos; algo como esto…

Este carro se parece
al carro de los artistas
porque en él viene Ana Díaz
y Anita, la Camarista.
Mira que es fino
va Gerardo y Rocío
con Celestino.

Por supuesto, ninguna de estas sevillanas se grabó nunca, pero nosotros nos reíamos mucho cantándolas…

Rocío del verano,
guitarra y juerga,
sevillanas, fandangos,
gente de Huelva…
Las tapitas calientes
de Los Cepeda;
casa de Feliciano,
guitarra suena,
mientras la voz del Nene
la noche quiebra,
preparaba los sustos
Julio Palencia.

Yo me complacía en hacer letras en las que aparecieran los nombres de todos mis amigos, porque me gustaba verlos contentos:

Más de cuatro horas llevamos,
en la calle Bellavista,
que es la calle del Rocío
que tiene más alegría.
Curri, Gloria y José Luis,
Ange y Rocío de la Serna,
Esperanza de Zamuiski,
y Josemari, la cierra.

De esta época de mis catorce o quince años son algunas sevillanas que se han conservado por tradición oral, pero que nunca se llegaron a cantar por intérpretes profesionales. Quiero recordar algunas como:

Esta es la historia, señores,
de un soldaíto de Almonte
que se fue a la guerra un día
con otros cincuenta hombres.
Y antes de partir, a la ermita,
se fue a rezarle a su Virgen,
de Almonte, la Pastorcita,
y así comenzó a decirle:
He de ganar una medalla,
aunque me cueste la vía
pa que la lleves mi alma
en el corazón prendía.

Por aquella época escribía las cuatro sevillanas como historias en cuatro capítulos; era la única forma que tenía de que me escucharan hasta el final. Así que, cuando se critican ahora las *sevillanas de culebrones,* me tengo que callar, porque yo empecé así. Así eran las sevillanas de *Porque te casas, Inés, mi enhorabuena* y otras muchas, cuyas letras y músicas han desaparecido: cuatro capítulos de una misma y triste historia para mantener la atención del público hasta el final.

Aunque muchas de aquellas han desaparecido, y ni siquiera yo me acuerdo de cómo eran, otras en cambio se siguen cantando, incluso por gente joven que no las ha aprendido de mí, sino de esa *maravillosa trasmisión de boca a boca* que es la esencia de la copla.

Cuando veo que en Hinojos aún se cantan algunas de las que compuse hace tanto y que nadie grabó nunca, me produce mucha satisfacción.

Con carreta de palo
azul y blanca,
Hinojos va al Rocío,
ni un año falta.
Y la Virgen en la Ermita
lo está esperando.
¡Ay, mi Virgen Chiquita!
¡Qué largo el año!

En el Charco del Cura,
bebí gazpacho.
Lo hizo la Torera,
maja majando.
Mientras Villamanrique
ya viene entrando,
la hermandá de mi pueblo
bebe gazpacho.

Son sevillanas hechas en el momento, que se quedan en la memoria del pueblo. Así debieron ser todas las antiquísimas sevillanas desde *María la Morena puso un potaje* o *El clavel que me diste lo tiré al pozo*; y aunque me apena no haber conservado las letras y músicas de tantas y tantas que escribí sin deseo de que alguien las cantara, sino solo porque me brotaban del corazón en un momento concreto..., aunque esto me apene, me alegra ver que todavía se cantan, aunque no se sepa que las escribí yo; pero es normal que ocurra y es bueno, como ya hemos visto que decía Manuel Machado:

Hasta que el pueblo las canta,
las coplas, coplas no son…

La sevillana culta o *de estudio,* la que se escribe con la cabeza y busca tal o cual resultado, o sigue tal o cual estilo, o la que busca la perfección total en métrica, pierde la espontaneidad y la gracia, que son los atributos esenciales de una buena sevillana. Y no tiene tirón ni la gente se la aprende. Cuando la copla no nace de ese alma profunda y misteriosa de Andalucía, que solo algunos saben captar e interpretar…, cuando no surge de ese *bote de las esencias* que se rompe cuando se abre para dar lugar a un arte irrepetible, ya sea en la música, el baile o el toreo…, cuando no nacen así, no merecen la pena. Se pueden llenar discos y discos de sevillanas *de estudio*, pero no llegarán al pueblo, que es de lo que se trata.

Y esto que os digo me lleva a recordar a Paco Alba, al que conocí y traté por esta época. En su taberna de Bollullos de la Mitación, con la chapa de un botellín de cerveza golpeando sobre el mostrador, con una voz que era un solo hilo de voz ronca, cantaba todo lo que se le venía a la cabeza; nunca escribía lo que se le ocurría; jamás tuvo un cuaderno o un papel escrito; todo estaba en su memoria, pero ¡qué gracia y qué arte! Hacía la auténtica sevillana *popular.*

¡Que tío tan pesao,
el tío del tambor!

Esa niña que va andando
camino de las arenas.

Si estudias cómo son sus letras, son muy imperfectas; vamos a llamarlas *surrealistas…* Pero siempre conectaban con el pueblo.

Muchos años antes, en los albores de la sevillana actual, anduvo por este camino salvaje y profundo, sin pautas, todo inspiración fruto de una vida libre y bohemia, el que todos llaman, con razón, el *padre de las sevillanas*: Manuel Pareja-Obregón y García.

Los veraneos en el Rocío nos llevaban a visitar a muchos amigos que pasaban el mes de agosto en fincas vecinas. Salíamos a caballo o en coches de caballos y pasábamos el día en La Cigüeña, donde Aurora y Rocío Algarra nos recibían muy bien, o El Partido de Resina, de nuestros buenos amigos Mercedes y Juan de Pablo-Romero. Y muchas otras veces a La Abundancia, en donde pasamos ratos inolvidables con la familia Pareja-Obregón. De ahí surgió una relación de amistad, de admiración y de fraternidad con ellos, pues hemos sido como hermanos con los hijos de Joaquín, de Manuel, de Juan de Dios y de Celso Pareja-Obregón.

Nosotros éramos muy jóvenes, casi unos niños, pero aprendimos de aquellos hombres una Andalucía del recuerdo, que era una inagotable fuente de inspiración para ellos mismos y también para nosotros: mis hermanos y yo.

No soy yo quien debería de contar la historia de los Pareja-Obregón, artistas, cada uno de los hermanos en diferentes campos de la música, de la literatura, de la escultura, de la escopeta, del caballo y el toreo, pero no puedo dejar de decir algo, remontándome a su historia familiar, que es la única forma de explicar el origen de su genialidad.

A finales del siglo XIX, un ganadero y hombre rico de Sevilla llamado don Manuel de la Concha y Sierra, contrajo matrimonio inesperado, para escándalo de la ciudad por la diferencia de clases, con la primera actriz de una compañía de teatro itinerante: doña Celsa Fontfedre.

No era normal, en aquella época, que un señor de la burguesía adinerada de la ciudad se casara con alguien que no era de su clase social; pero así sucedió y el matrimonio se instaló en una gran casa en la calle O'Donnell de Sevilla, que daba también a San Eloy (todavía hoy se conserva en un pasaje entre ambas calles, una de las portadas en mármol de aquella antigua casa).

De este matrimonio nació una hija, doña Concepción, a la que todos llamarían siempre la Concha y Sierra: ganadera de prestigio, cuyos toros y yeguas eran la admiración de toda Andalucía. Pero don Manuel de la Concha y Sierra enfermó al poco de su matrimonio y murió dejando viuda a doña Celsa Fontfedre, a la que toda Sevilla empezó a llamar *la viuda de Sevilla*.

Sola, rica y guapa, y dueña y administradora de una prestigiosa ganadería, no tardó en conocer, y enamorarse, del gran matador de toros de la época: Manuel García, el Espartero. De estos amores nació una niña que estuvo siempre medio oculta hasta que, llegada la hora de casarse, su medio hermana, la Concha y Sierra, la comprometió con un aristócrata procedente de Cáceres de apellido Pareja-Obregón. Y de esta unión nacieron Joaquín, Juan de Dios, Celso y el genial Manuel Pareja-Obregón.

No se puede entender a Manuel sin tener en cuenta que es el producto de una difícil mezcla entre la sangre aristocrática extremeña y la sangre flamenca, *honda* y tocada por el arte, de un torero de Triana y de una actriz reina del vodevil.

Manolo y sus hermanos se criaron como príncipes herederos de una enorme fortuna. Pero lo que *les tiraba* de verdad era esa otra vida que se desarrollaba fuera de los muros de su palacio, en los corrales, en las tabernas de la Alameda o en los últimos cafés cantantes que aún quedaban en Sevilla.

Le escuché contar a Manuel que, dos tardes a la semana, venía un padre jesuita a enseñarles música y se ponía en el maravilloso piano Pleyel que tenía la familia en uno de los salones de su palacio (piano que yo aún llegué a conocer y tocar) para impartir una clase de canto. El jesuita obligaba a los hermanos a hacer escalas de voz frente a sus partituras o a que aprendieran el *Ave María* de Schubert y piezas clásicas semejantes, aburridísimas para ellos. Pero, en el momento en que la tía Concha llamaba al profesor para que tomara el té y los niños se quedaban solos, cogían el piano por suyo y se ponían a cantar y a tocar todo lo que Sevilla, la Sevilla del pueblo llano, cantaba, recitaba y bailaba en los corrales de vecinos, en la Pila del Pato de la Alameda, en los bautizos en las azoteas…

Estos hermanos Pareja-Obregón, singularmente Manolo, cuya niñez y juventud se desarrollaron en la década de los treinta y los cuarenta del pasado siglo, son un eslabón importante de esa cadena cultural que nos lleva a la época de los cafés cantantes, de las sevillanas boleras, de las cruces de mayo, de los pianillos en las plazas, de los cantes flamencos antiguos, de Silverio Franconetti y de sus espectáculos en su café de la calle Rosario de Sevilla y todo aquel final del siglo XIX, donde se fraguó todo lo *típicamente andaluz* de nuestra cultura, a la que nos hemos referido antes. Ellos, guardando letras, músicas y recuerdos, dieron a la Sevilla de los años sesenta, cuando los Beatles y la música *pop* quisieron arrasarlo todo, la oportunidad de conservar lo que no estaba de moda, pero que pronto lo volvería estar: entre otras cosas, las sevillanas.

Manuel Pareja-Obregón es el padre de las sevillanas porque compuso muchas y grandes sevillanas, pero sobre todo tuvo la grandeza de llevar a las casas de discos del momento, como Belter, Columbia e Hispavox, a que se grabaran no solo sevillanas, sino otros muchos cantes menores y mayores, dando origen a una discografía de la copla y el flamenco que ha llegado a nuestros días.

Manuel, a veces pagando de su propio bolsillo, no solo llevó a grabar a Los Hermanos Toronjo, Los Hermanos Reyes, Los Romeros de la Puebla, Los Marismeños y un sinfín de artistas, sino que les inculcó el buen gusto y el arte; les enseñó a cantar a muchos de ellos y a los arreglistas del momento, les indicó cómo se debía musicar una sevillana. Y lo hizo porque él sabía lo que decía, pues lo había aprendido siendo niño de los que sabían, y a esa base antológica sobre la que se sustenta su obra él le imprimió su propio sello.

No puedo decir que Manuel me influyera (aunque muchos lo creen así), porque cuando lo conocí yo tenía ya dieciséis años y, a mi manera, me había hundido en las raíces de la sevillana por otros caminos; pero, cuando lo escuché por primera vez cantar (tendría yo unos quince años) acompañado de su piano, comprendí que era la síntesis de todo lo que yo había admirado desde niño: las sevillanas de Pastora Imperio y la Argentinita, el piano de Lorca y las sevillanas orquestadas del gramófono del Mellizo, las de los pianillos de la feria, las sevillanas populares de los viejos de Hinojos y la gracia de las letras de Muñoz y Pabón.

Mi primer encuentro con él sucedió cuando yo tenía dieciséis años y no conocía aún a sus hijos Joaquín, Manuel Diego, Carmen y Arturo, todos ellos continuadores del arte de su padre y tocados de la misma genialidad.

Mis padres eran amigos de Joaquín Pareja-Obregón, hermano de Manuel, que tenía una finca en el término municipal de Aznalcázar llamada Los Cerros. Estando un día allí de juerga, decidieron continuarla yendo a tomar una copa a un bar muy conocido que había en Pilas que se llamaba Pinichi.

Una vez estando en Pilas, como la juerga continuaba, mis padres invitaron a todos a que fueran a tomar una copa a mi casa de Hinojos. En el grupo de personas venía Manolo, que, nada más a llegar a mi casa, abrió la tapa del piano y empezó a tocar. Y entonces comprendí que él era el hilo conductor con el folclore de la Sevilla de los años veinte y treinta. Una pieza que le faltaba a mi mosaico creativo.

Pero aún hubo un momento mejor, al cabo de dos años, que fue en el Teatro Lope de Vega. Uno de los componentes del grupo Amigos de Gines me invitó a acompáñalo al Teatro Lope de Vega para concretar asuntos sobre un futuro espectáculo que iban a protagonizar a los pocos meses; y así estuvimos en las oficinas del teatro. Casualmente se estaba celebrando ese día en el Lope de Vega una gala en beneficio del Club de los Leones, con el que Manuel colaboraba habitualmente. Nada más escuchar desde lejos su piano, corrí desde la oficina y me situé entre las bambalinas; y allí lo vi, frente a un público devoto, tocar en el piano alguna de sus sevillanas, con ese imán que tenía como persona y como artista. Comprobé como el teatro se volcaba con él, a cada sevillana que tocaba. Comprendí que él había nacido con una misión determinada: restaurar nuestro folclore. Él como depositario de todo lo antiguo, como el eslabón perdido de una cadena rota desde los años cuarenta a finales de los sesenta. Y el pueblo, siempre sabio, se volcaba con él. Siempre pensé que en esa atracción enorme con que se metía al público en el bolsillo había algo de sobrenatural.

Quizás por la vecindad de La Abundancia con la Puebla del Río, Manolo escoge letras de Ángel Peralta y lleva a grabar a Los Romeros, y les abre la puerta, con generosidad, a las músicas y composiciones de José Manuel Moya (otra persona grande en la historia de la sevillana) y a otros muchos autores del momento como Pérez Flores y el Maestro Tejero. Así era la sangre de *señor* que corría por las venas de Manolo. Mientras la otra mitad de su sangre, la del *artista total*, le llevaba a innovar y a crear un estilo que ha sido uno de los cimientos de la sevillana actual.

Aunque todo empezó en Castilleja de la Cuesta.

Castilleja de la Cuesta es un pueblo del Aljarafe sevillano a seis kilómetros de distancia de la capital, pero con tanta personalidad que no ha sido nunca engullido por el carisma de la ciudad de Sevilla, que todo lo que toca lo hace suyo.

Castilleja es el clásico pueblo andaluz, o español, dividido en dos facciones perpetuamente enfrentadas, que, en este caso, son de hermandades religiosas; una, que venera a la Inmaculada Concepción de la Calle Real, y otra a la Soledad, que está en la Plaza. Para más diferenciarse, una hace suyo el color celeste y la otra el rojizo, y hasta los devotos pintan con esos colores algunos detalles de las fachadas de las casas con orgullo de pertenencia.

Este fenómeno tan del valle del Guadalquivir, de pueblos divididos en dos facciones (siempre religiosas), hay quien dice que ha sido promovido, desde hace siglos, por los señores, terratenientes o poderosos de cada lugar, porque es más manejable un pueblo dividido en dos que no una población hecha una piña frente al señor del lugar o los terratenientes locales. Sea como fuere, yo pienso que hay razón muy andaluza en esto, y no es social o política, es porque en Andalucía somos así, y nos parece que para amar mucho una cosa hay que odiar a la contraria, y es exigencia del amor verdadero y apasionadamente ciego, amar lo que se ama y odiar a su contrario.

Las fiestas del Domingo de Resurrección en Castilleja, en honor de la Inmaculada Concepción, era la explosión de gozo y júbilo de una de estas facciones: la de la calle Real. Las fiestas que se organizaban, y aún hoy se organizan, eran memorables y muchos sevillanos subían a este pueblecito, balcón del Aljarafe, a disfrutar de la procesión y del ambiente festivo del pueblo… y de los fiestones que se organizan en las casas, donde se come, se bebe y se canta hasta la saciedad. Manuel Pareja Obregón, de jovencito, fue uno de esos sevillanos que un domingo de resurrección de finales de los años cincuenta fue a Castilleja y allí tuvo un encuentro que cambiaría su vida.

Manolo contaba siempre, yo se lo escuché en alguna ocasión, que él se enamoró de su mujer porque entró en una casa y estaba Carmen de los Reyes bailando encima de una mesa. Con el buen humor que le caracterizaba decía que le vio las piernas bailando y a partir de ahí ya no pudo olvidarla, se enamoró totalmente y se casó con ella. De este matrimonio nacieron también grandes artistas: Joaquín, Carmen, Manuel Diego y Arturo Pareja-Obregón. Carmen de los Reyes era pariente de Diego y de Miguel de los Reyes, que a los pocos años formarían Los Hermanos Reyes y bajo la dirección de Manuel empiezan a grabar singles en vinilo.

Muchas de estas sevillanas son de Manuel y otras de origen y autoría difusos, oídas aquí y allá, de tradición oral, populares y llevadas a discos con solo guitarras, palmas y jaleo, pero abren la brecha o, mejor, hacen brotar un hilo de agua que irá creciendo hasta hacerse primero arroyuelo y después río de enorme caudal: la sevillana moderna en sus albores.

Yo creo que ni ellos mismos sabían lo que estaban iniciando y protagonizando, pero rescatan del olvido el género, lo enriquecen con multitud de temas y músicas diferentes y lo difunden, gracias a que en cada casa ya empieza a haber un tocadiscos. Tímidamente aparece en algunos temas un piano, marcando el compás tres por cuatro de la melodía; no podrían ni imaginar a dónde llegarían en unos pocos años los arreglos musicales de las sevillanas. Y las letras van poco a poco mejorando hasta que en 1971 aparecen la poesía de Rafael de León en *Un halcón y una paloma* o en *Cómo te quiere Triana.*

Nunca le pagaremos bastante a Manuel Pareja-Obregón, padre indiscutible de la sevillana moderna, como puede verse en estos hechos que narro, que *empujase* a escribir letras de sevillanas a Rafael de León y Arias de Saavedra. Con él realizó obras esenciales del género de las sevillanas; espejos donde todo el que quiera escribir debe mirarse y no apartarse de ese modelo si queremos engrandecerlas.

De Rafael, este gran poeta de la generación del 27, que abandonó la poesía culta para hacer de la copla española un monumento inextinguible, ya os conté cómo lo conocí en aquellos veranos rocieros.

Que la vida del artista es dura y que hay que sacrificar mucho, y a veces todo, por el arte que se empodera de tu persona, lo comprobé escuchando a Rafael recordar sus inicios a propósito de los míos. Su admiración por Federico García Lorca en Granada, cuando se conocieron siendo estudiante de derecho...; sus años de vida bohemia en el Madrid de los años de treinta, cuando nadie esperaba que en España estallara una guerra...; una vida incomprensible para su aristocrática familia sevillana, a la que le llevó su tremenda vocación artística.

Él lo dejó todo, pues era marqués del Valle de la Reina, conde de Gómara y marqués de Moscoso, pero ganó la gloria de ser el padre de la copla española para la posteridad.

Su padre había ido a *recogerlo* a Madrid para que volviera a Sevilla, donde estaba su progenie y la alcurnia que él debía continuar. Pero siguió en Madrid junto con sus amigos Quiroga y Quintero. Creo que mereció la pena aquella renuncia, por todo lo grande que se derivó de ella.

En esto vemos que el folclore andaluz no entiende de clases sociales y que, en el terreno de las sevillanas, el corral de vecinos y el palacio se encuentran. Y pongo como ejemplo a aquella sevillanísima, y tan querida para mí, Ángela María Téllez-Girón, la duquesa de Osuna. ¡Cuántas veces bajaba ella al corral del Conde a los bautizos y *casorios* del pueblo llano, y se ponía a bailar y a cantar como una más en el corrillo! O a Cayetana de Alba, que, para escándalo de Sevilla, se puso a aprender a bailar sevillanas con Enrique, el Cojo.

A este tipo de aristócrata sevillano enamorado de todo lo típico andaluz, siendo ellos mismos parte de la esencia de

Andalucía, pertenece Rafael de León, Fernando Villalón y otros muchos que no da lugar a recordar. ¡Ojalá no desaparezca este tipo de duquesa goyesca y torera, o ese marqués castizo, flamenco y montero, que son parte integrante del alma de Andalucía, clasismos aparte!

Pues Rafael de León, como venía contando, como veía que solo me gustaban las sevillanas, se puso en alguna ocasión al piano, que sabía tocar muy bien, y me cantó algunas letras viejas que había aprendido de niño, cuando su padre se lo llevaba de la mano al café Novedades, que estaba en la Alameda, a escuchar cantar a los artistas del momento.

En las letras de cuplés viejos y de los cantes flamencos, él comenzó a beber de la fuente de la poesía andaluza; la misma fuente de la que bebió García Lorca o Fernando Villalón; aunque él, que nunca renunció a la poesía culta, sea más conocido por su monumental aportación a la copla española.

Rafael es el prototipo de lo que debe ser un escritor para ser inmortal. «Para ser universal hay que ser muy local», dicen que dijo García Lorca, y creo que hay muchos ejemplos que demuestran la verdad de esta afirmación.

Rafael era cultísimo; era espiritual y religioso; se sentía parte del pueblo, al que conocía muy bien y lo admiraba; por eso reflejaba la vida del pueblo llano de Sevilla tan perfectamente en sus escritos. De ese Rafael poeta popular y costumbrista vale un ejemplo en esa sevillana con música de Manuel Pareja-Obregón:

Cuando falta una semana
pa salí de romería
en el barrio de Triana
hay roturas de alcancías.
Y se forma un zipizape
desde el puente a San Jacinto,
que no hay bicho que se escape
de tamaño laberinto.
Se algofifan los balcones,

y se pintan las macetas
y se cardan los colchones
pa ponerlos en las carretas.

María Pepa y Sebastiana,
Baldomera y Rosalía
andan locas por Triana
preparando la comía.
Seis bateas de pestiños
con bolitas de colores,
mortadela pa los niños
y jamón pa los mayores.
Dos barriles siempre lleva
en su coche don Vicente
con mosto de Villanueva
pa poner el cuerpo al corriente.

Ole, ole, ole, ole,
estropajo con salero,
cómo brillan los peroles
y las asas del puchero.
Las vecinas han sacao
del empeño sus collares,
los zarcillos plateaos
y las batas de lunares.
Y dice Juana la sorda
mientras plancha su vestío:
«No tenemos una gorda.
Pero vamos al Rocío».

Rafael de León conocía la historia de Sevilla, desde santa Justa y Rufina a nuestros días. Y se sabía de memoria un libro, hoy muy difícil de encontrar: *Personas, personajes y personajillos de Andalucía.* A muchos de los personajes de ese libro les dedicó romances y coplas: la Lirio, la Petenera, la Zarzamora, la Parrala, Manolo Reyes, el Almendro, Pedro Romero… Y ese amor que sentía por la ciudad de Sevilla, y toda Andalucía, y el enorme conocimiento de su historia, lo reflejaba cuando escribía. Lo podemos ver en esta sevillana, que relata un diálogo que mantienen en el cielo los santos de Sevilla, sobre la Semana Santa:

Alfareras de Triana
que hacían lozas finas…
En el cielo hay dos hermanas
que son Justa y Rufina.
Del Cahorro están hablando
y dicen que no han visto
un semblante agonizando
igual que el de ese Cristo.
El señor san Isidoro
responde a las doncellas:
«La estrella, también tiene que ver.
Nunca vi cara tan bella».
Triana, Triana y olé.

Y este gran poeta, que si no hubiera muerto en el año 1981 habría dejado muchas más sevillanas escritas, era además un hombre religioso y que amaba a la Virgen María, y de testigo la letra del *Olé*.

Dios te salve María
en Almonte Señora.
Eres Tú norte y guía
y consuelo celestial.
Dios te salve, María,
todo el pueblo te adora
y repite a porfía
como Tú no hay otra igual.

De Rafael nos podríamos llevar hablando y escribiendo mucho rato; yo le agradezco lo que me influyó, pues reconocí en él un eslabón, otro eslabón, con la Sevilla de los años veinte y de finales del siglo XIX, que es el antecedente de nuestra sevillana actual y de todo el *tipismo andaluz*.

En el Rocío muy pocas casas tenían piano, pero también lo tenía la casa de Julio Caballero y Pilarín Tavira: otra gran artista y poco conocida.

La vida de Pilarín Tavira merece una novela, pues salió de emigrante para Nueva York, en un carguero desde el puerto de Huelva, con la documentación a nombre de una hermana, porque no tenía la edad suficiente para entrar en los Estados Unidos.

Su familia era de Jabugo y Pilarín había sido una *niña prodigio*. Para ella se compuso el pasodoble *Mi Huelva tiene una ría*, con el que ganó un concurso radiofónico. Estando España en una situación de miserable posguerra, la familia decidió enviarla a Nueva York, donde tenían un tío que trabajaba de *maître* en un restaurante. Y allí cantó durante años, en un *night club* que se llamaba El Chico, situado en el Greenwich Village, que era propiedad del asturiano Benito Collada. En torno a Benito se agrupaban todos los españoles emigrantes en Nueva York, y fue en su casa donde ocurrió aquella cena de Nochebuena que refiere la famosa copla *Suspiros de España*:

Voy a contarles a ustedes
lo que a mí me sucedío.
Es la emoción más profunda
que en mi vía yo he sentío…
Fue en Nueva York,
una Nochebuena,
que yo preparé una cena
pa invitar a mis paisanos
y en la reunión,
toda de españoles,

entre vivas y entre oles
por España se brindó…

Toda la buena sociedad del Nueva York de los años finales de la década de los cuarenta y principios de los cincuenta, iba a escuchar a Pilarín Tavira con delectación. Y llegó a ser tan famosa, aunque en España casi no se la conocía, que trabó amistad con Ava Gadner, Sinatra, Gary Grant, Gary Cooper y otros muchos actores famosos.

Y así iba todo hasta que apareció en el club una de aquellas noches un joven español que se había hecho muy rico en Venezuela, Julio Caballero, y se enamoraron perdidamente el uno del otro.

Pilarín, entonces, dejó Nueva York y desarrolló su carrera artística en toda Hispanoamérica.

Las tonadilleras españolas de esa época la tenían en mucha consideración y se lamentaban de que, al casarse con el multimillonario Julio Caballero, este la obligó a *quemar la caramba.*

La caramba era un lazo grande que se ponían en el pelo las mujeres españolas en la época goyesca, y que dio lugar a varias coplas que se cantaron mucho. Pilarín había cantado en los escenarios una de esas coplas y se vestía de goyesca con una caramba, la misma que Julio le obligó a quemar, como símbolo de que se retiraba de la vida de artista.

Pues bien, escuchar a Pilar Tavira cantar y tocar los palillos y oírla rememorar historias de la vida de la copla en la década de los cuarenta era inspirador. Además por aquella casa pasaban, y tuve oportunidad de conocer, Lola Flores, Encarnita Polo, Paquita Rico, Carmen Sevilla…; todas habían sido amigas y compañeras de escenario de Pilarín en muchos países iberoamericanos, en aquella época en la que cantantes y toreros españoles siempre hacían giras por aquellas naciones.

El arte que tenían, cuando se juntaban y empezaban a contar historias y a cantar, lo desbordaban a raudales, sobre todo Lola: otra artista total, ocurrente en sus dichos, que han quedado para la historia incluso por encima de sus canciones.

Recuerdo que, con veneno, se refirió a un torero del que Lolita se había enamorado diciendo aquello de: «A mí no me gustan los hombres que antes de decirle "guapa" a una mujer, se dicen "guapo" a ellos mismos muchas veces».

Pero las sevillanas que las llamadas *folclóricas* habían paseado por los escenarios, y que incluso se podían escuchar en alguna película como *La hermana de san Sulpicio*, protagonizada por Imperio Argentina, no tenían nada que ver con el nuevo rumbo que habían tomado las sevillanas, en las grabaciones que estaba llevando a cabo, en Madrid, Manolo Pareja-Obregón.

Ellas metían en sus espectáculos algunas sevillanas, como las que grabó en los años cuarenta la Piquer: *Las coplas de los siete niños*. O las de Juanita Reina en los cincuenta: *Los reyes moros*. Sevillanas escritas por músicos y letristas profesionales, para darle un toque costumbrista a los espectáculos teatrales que ellas paseaban por el mundo entero.

Así que, en las reuniones familiares de casa de Julio Caballero en el Rocío, las escuché muchas veces cantar, siempre las mismas...

Camino de Sevilla
van siete niños, Paco, Paco, Paco.
En uno de los siete, Paco, Paco, Paco,
va mi cariño.

Pero la revolución popular que se estaba preparando, y en la que yo vendría a tener una parte importante, superaría en cantidad y calidad la producción de sevillanas de las décadas anteriores a la de 1970. Creo que los primeros discos single de vinilo aparecieron en el año 1961. Y los que llegaron a mis manos eran de Los Hermanos Toronjo, Los Hermanos Reyes, Los Marismeños, El Coro de la Hermandad Matriz de Almonte, dirigido por Mari Pulido, y el Rosario por Sevillana de Gines. La temática había cambiado, la música era distinta. En las letras se intentaba cultivar la poesía; se expresaban sentimientos de amor y de religiosidad; se hablaba de caballos, del campo, de los caminos del Rocío, de la Semana Santa, del mar y los barcos, de amores imposibles, de personajes antiguos…; en definitiva, de la vida de Andalucía real.

Por eso todo el mundo empezó a identificarse con aquellas letras y músicas, hasta llegar al *boom* de los ochenta y noventa.

Por aquellos años de principios de la década de los setenta mis padres decidieron que nos instalaríamos a vivir en Sevilla mis hermanos y yo. Y así fue como dejamos los internados y comenzamos a vivir en el barrio de San Lorenzo.

Sevilla era una ciudad hermosa, llena de encanto y de poesía, pero completamente abandonada. Yo me pasaba las horas muertas andando por sus calles, viendo sus palacios derruidos o convertidos en casa de vecinos, como la Casa de los Artistas, donde trabajaban decenas de artesanos, plateros, escultores y tapiceros, bajo las bóvedas y artesonados de un palacio mudéjar.

Entraba en las iglesias, que olían a cera y a azucenas, que estaban abiertas desde el amanecer hasta la noche y abarrotadas de arte y de historia. Los corrales de vecinos, las plazoletas encantadas, el barrio de Santa Cruz olvidado, los pregoneros por las calles, las campanas de la catedral, los aromas del río, las callejuelas solitarias, los cientos de casas abandonadas con grandiosos patios de columnas que yo espiaba por las rendijas de sus portones… Todo eso, a un chaval al que le gusta la música y escribir tenía que influirle, y me puse a escribir cosas que solo muchos años después se grabarían:

Hoy, viene la primavera;
trae tu recuerdo
y tu recuerdo es Sevilla,
Giralda y plaza, torre y albero.
Hoy viene la primavera,
hoy por ti muero.
Sevilla me habla ti, pero tú no estás,
tú no estás aquí,
y en el silencio callao,
mi amor se muere en abril.

Para las niñas bonitas
vendo jazmines en moñas;
cómpremelo, señorita,
para cuando se componga.
¡Jazmines del Parque, niña!
Jazmines que riega el río.
Jazmín que doró la brisa.
Jazmines, niña, jazmines
del Parque de María Luisa.

A mí me extrañaba mucho que en Sevilla no se cantaran sevillanas y que a los amigos que me hice al venirme a vivir a Sevilla no les interesaran lo más mínimo. En los tablaos había flamenco para los pocos turistas que entonces venían a Sevilla, pero bares donde tocar la guitarra y escuchar sevillanas no había. Pero yo comencé a ir a la calle Siete Revueltas, a una tabernita que allí había, y nos prestaban una guitarra. Aquello fue un éxito, porque la taberna se puso de moda y comenzó a reunirse mucha gente con el solo objetivo de cantar y bailar sevillanas.

Al poco tiempo, surgió otra reunión semejante en otra taberna que se llamaba El Traga, donde también se cantaba por sevillanas y rumbas. Aquí, en estas tabernas, empecé yo a enseñar y cantar en público las sevillanas que estaba componiendo. Y de esta época data mi amistad con el que sería un gran cantante y compositor: José Manuel Soto. Y grandes humoristas: César y Jorge Cadaval, Los Morancos. Y muchos más amigos que han venido a destacar en el baile y en el cante.

Pues con todos estos antecedentes, y esta enorme afición y mis primeros temas compuestos en plan informal, ya estaba yo maduro para mis primeras grabaciones.

Tenía dieciséis años y compuse una sevillana que gustó mucho a mis amigos: *Tu corral.*

Antonio González, el Rociero, que después todos llamaron el Raya, no sé por qué circunstancia era amigo de mis padres. Creo que mi padre le prestó un caballo y el día que fue a devolverlo, entró en mi casa de Hinojos y me escuchó tocar al piano la sevillana de *Tu corral*, y en seguida me pidió que si la podía grabar y la grabaron con gran éxito. Eran aquel inolvidable dúo llamado Los Rocieros, Antonio y Santiago. Muy bonita la voz dulce del inolvidable Santiago.

De ahí nació una colaboración que daría frutos magníficos con sevillanas de mi autoría interpretadas por ellos: *El desamor*, *Pensando en ella* y tantas otras.

En el ambiente de Antonio González, estaban Joaquín Solís de la Oliva, el Maestro Oliva y la gran cantante que fue Gracia Montes. A ambos me los presentó Antonio.

A Gracia Montes le encantó mi estilo de sevillanas y me grabó un disco entero: *Viene Triana, Amores locos, La Virgen y el Niño, Blancas son las carretas*… Yo puse todas las músicas y algunas letras las escribió el Maestro Oliva. Pero Gracia estaba en Madrid, yo era un joven de dieciséis años que vivía en Sevilla y la colaboración no siguió adelante. Hubiera sido estupendo que el primer disco hubiera tenido su continuidad; aunque una tonadillera no podía hacer un disco de sevillanas todos los años, como empezó a ponerse de moda en Sevilla.

¿Qué podemos no decir de ella como artista inolvidable? De pequeña quería ser cantante a toda costa, pero tenía un problemilla en la voz; una anomalía que todos decían que le impediría ser artista de éxito. La enfermedad era conocida entre los foniatras con el nombre de *velocidad en la voz*; un trémolo excesivo que parecía como si la voz temblara. Pero he aquí un ejemplo de problema convertido en oportunidad; esa velocidad en la voz fue la clave de su éxito y de su estilo inimitable.

Gracia Montes nos dejó canciones inolvidables, entre ellas una mía: *Mi amor es sueño y pasión*.

A Joaquín Solís de la Oliva le debo que me enseñara a moverme en el ambiente de los artistas. El Maestro Oliva, como le llamaban todos en Sevilla, era un sevillano gracioso, ocurrente y buen poeta. Vivía en una buhardilla por la plaza de San Martín. Era un auténtico bohemio, todo el día, o escribiendo en una vieja máquina de escribir (que había heredado de su tío, otro Oliva que también había sido autor), o paseando por Sevilla ociosamente, o visitando a tal o cual cantaor para darle sus letras, pues, antes de escribir sevillanas, hacía letras de flamenco y coplas.

Cuando yo lo conocí tendría unos cuarenta años y estaba bastante calvo, pero le gustaba teñirse el pelo que le quedaba. Yo le acompañaba en sus paseos con mucha frecuencia y un día me dijo: «Acompáñame a comprar tinte para el pelo». Y nos fuimos a una droguería antigua y pidió tinte para teñirse. El dependiente se mete en el interior de la tienda y trae al mostrador una botella de tinte de unos dos litros. A lo que Oliva le dice con su gracia sevillana: «Niño, ¿pero tú qué te crees, que yo soy un bisonte?». En fin, darse una vuelta por Sevilla con él era empezar a reír y no parar, y conocer personajes de esta Sevilla surrealista en la que vivimos.

A los pocos años de yo conocerlo escribió: *Una pará en el camino, una guitarra y un cante*, que fue un gran éxito.

Pero la vida de Joaquín Oliva es para otra novela, pues está cargada de tragedia y poesía.

Él se había enamorado de una vecina a la que le llevaba bastante edad. Imaginaos una niña de dieciséis años y un jovencito de treinta. La familia de esta joven era la propietaria del edificio de pisos donde Joaquín tenía su vivienda y escribía, que vivían también en el mismo edificio.

Desde la ventana de la buhardilla de Oliva, se veía la ventana del cuarto de ella, y él le recitaba los poemas que escribía. Y así fue como se enamoraron, con un amor del todo imposible; él era un joven poeta, sin demasiado dinero y poco que ofrecer; la familia de ella era adinerada, y ver a su hija enamorada de un poeta que le doblada la edad y sin más recursos que unos escasos derechos de autor, no les gustaba en absoluto. Esta oposición familiar aún le enardecía más y le hacía escribir aquello que tuvo tanta fama y que interpretaron Los Hermanos Reyes:

Bebemos del mismo agua
porque el pozo es medianía,
y olemos las mismas flores
porque tu tapia es la mía.
Tu jilguero y mi jilguero
quieren cantar a porfía
cuando tu paso y tu risa
se escuchan, ¡ay, qué alegría!
Nos despierta el mismo gallo
al amanecer del día,
y al mismo santo rezamos
porque tu iglesia es la mía.

Tenemos la misma sombra
de la higuera del camino;
el trigo en la misma era
y el pan del mismo molino;
del mismo olivar, la oliva,
del mismo lagar, el vino,
mismo sol y misma lluvia
porque nacimos vecinos.

Nos repartimos el agua,
el sol, la sombra y el frío;
el mismo banco en la iglesia,
el mismo pan bendecío
y el nido de golondrina
entre tu alero y el mío.
Nos repartimos el sueño,
la torre, Dios y el Rocío;
pero no puedo tenerte
con lo que yo te he querío.

Y así fueron novios toda la vida. Siempre juntos a todas partes; ella le admiraba como a un dios y él encontraba en ella fuente perenne de inspiración. Esta fue la vida trágica de este poeta, que murió joven, y que yo tengo entre las personas que me ayudaron y admiré.

Yo le puse música a muchas de sus letras y conseguimos algunos éxitos; lástima que su rivalidad con Paulino González no nos dejó hacer más cosas juntas.

Fue por aquellos días de 1977 que me presentaron a Paulino como un maestro o profesor que quería escribir sevillanas. Debía andar por los cincuenta, y era un hombre tímido, culto y con mucha vida interior. Versificaba mejor que nadie y compartía mi visión de una sevillana alegre, con poca letra, con estribillos iguales al final de cada una, y retratando temas populares de amores y personajes antiguos, etc.; y así fue como hicimos decenas de composiciones para la creciente industria discográfica. Aunque su labor principal hay que situarla en relación con Los Romeros de la Puebla, y con José Manuel Moya, que puso música a muchas de sus letras, que a decenas se grababan todos los años en lo que se dio en llamar el *boom de las sevillanas.* Yo no participé de ese *boom*, porque tenía mis intérpretes y solía grabar cada año diez o doce temas con Los Rocieros, los Amigos de Gines, Los Marismeños, Bordón 4, Los de la Trocha, Ecos de la Marisma…; en fin, casi todos me escogían una sola sevillana; a veces sin mucho convencimiento, pero siempre resultaban ser importantes éxitos de público.

Yo componía escuchando mi *voz interior*, y esa *voz* no iba nunca con la moda, pero yo no podía ni quería traicionarla y, aunque los profesionales no la entendieran, al público le llegaban y las hacían suyas. Ese es el milagro de la inspiración, que conecta al artista con no sé qué partes, lugares, esencias o espíritus…; no sabría decir de dónde procede o nace esa idea que te llega y te hace decir cosas o cantarlas…; es un misterio para explicar sobre el cual yo tengo mis teorías, pero quizás no es este el lugar para exponerlas.

Lo cierto es que yo no podía producir las decenas de sevillanas que se nos exigían para llenar un mercado en alza. Ni plegarme a los temas que se me proponían: «Hazme un sevillana de feria, o de Semana Santa, o de cacerías, o de la Sevilla antigua…», esto era lo que llegaba todos los años a mis oídos, pero yo nunca escribí a petición; solo me dejaba llevar por lo que se me venía a la mente o al corazón y por eso no podía seguir el ritmo de Paulino, Moya, y todos los demás de aquella época de principios de los ochenta.

Pero Paulino era, no solo amigo mío sino también de mis amigos, habitual de la casa de mis padres, y uno más de los del grupo que íbamos juntos al Rocío. Y así fue, durante muchos años, hasta que falleció. Por eso hicimos decenas de sevillanas importantes.

Recuerdo que un día me dijo que fuéramos a conocer a una nueva artista de la Puebla del Río, que él no estaba convencido de que fuera a triunfar, pero a la que le podíamos hacer algunas sevillanas si me parecía bien; esta artista era ni más ni menos que Loli, la Canastera.

Cuando yo la escuché cantar, me pareció tan auténtica esa forma de hacerlo y tan clásica, que no lo dudé un instante y empecé a colaborar con ella consiguiendo grandes éxitos con sevillanas que aún se cantan:

Campanitas, tamboriles
me están llamando.
El olor de los carriles
y el vientecito de mayo, ole.

O aquella otra, imprescindible en cualquier reunión:

Tengo yo unos palillos
con cintas colorás
y son de granadillo
riá, riá, pitá…

Mi forma de trabajar con Paulino era muy original porque, como yo estaba haciendo oposiciones a notarías, no tenía mucho tiempo. Él me dictaba las letras por teléfono y yo les hacía alguna correcciones, les ponía música y se las entregaba a los intérpretes.

Uno de aquellos pocos días en que nos veíamos me dice: «Tengo ahora una idea de hacer una letra que se base en aquello de "el cielo está emborregado, ¿quién lo desemborregará?"». A lo que yo le dije: «Nadie va a cantar "el cielo está emborregado". A la gente le gusta cantar cosas de amor. Sería mejor decir: "Si me enamoro algún día, me desenamoraré"».

Él me decía que la palabra *desenamoraré* era inmusicable e impronunciable cantando. Y ahí quedó la cosa, pero yo sabía cómo hacer que se pudiera cantar, sin que fuera un trabalenguas: descomponiéndola en dos, *desé* y *namoraré*. Pero no le dije nada.

Yo tenía entonces una novia que me martirizaba. Nos dejábamos y volvíamos una y otra vez, y de ahí saqué la idea que me rondaba la cabeza del desenamorarme. Paulino me reprochaba que volviera con ella una y otra vez. «Pero ¿por qué vuelves con ella una y otra vez?». A lo que yo siempre le respondía: «Para tener la alegría de enamorarme otra vez».

Así fue cómo nació la sevillana *El desamor*, que ha sido uno de los grandes clásicos de la sevillana de la década de los ochenta y que sigue cantándose y versionándose.

Sirva esto como prueba de cómo la vida particular de los autores influye a la hora de escribir.

Es cosa sabida, en casi todos los poetas y escritores, cómo sus vivencias amorosas, sentimentales o espirituales inspiran o se vislumbran en sus creaciones. Y no solo de tu propia vida, sino también las cosas que tú ves que pasan a tu alrededor y las vivencias de otras muchas personas. Tengo de esto un ejemplo de cómo nació a la vida la sevillana de *Dame otra oportunidad* o, como se suele llamar por la gente, *Salta la rana.*

Tenía un amigo en Madrid que mantenía una relación muy irregular con su novia, llena de altibajos en los que se unían, se separaban. En realidad ella, que se llama Dori, lo ignoraba y lo consentía, así que el pobre amigo mío vivía en un continuo sufrimiento.

Él siempre me estaba diciendo que, si Dori lo llamara para volver, daría un salto como una rana al agua y se iría corriendo detrás de ella. Y que le había pedido a Dori que le diese *otra oportunidad…* Y de ahí, de las cosas que él decía, surgió la sevillana:

Buscando el agua verde
salta la rana.
Así mi corazón saltará
si tú me llamas.
Dame otra oportunidad,
la necesito de veras,
dame otra oportunidad,
que nunca es tarde, nunca es tarde,
para volver a empezar.

Otro caso que pudiera añadir a este es el de la sevillana *Llama cuando quieras.* Era la época en que yo estaba preparando unas oposiciones y les tenía prohibido a todos mis amigos que me llamaran por teléfono para que me dejaran estudiar. Pero a mi novia de entonces, de la que estaba completamente enamorado, le decía:

Llama cuando quieras
porque para ti no tiene horas mi reloj,
llama aunque sea las once, las doce,
la una o las dos.

Pero el caso que quiero recoger aquí, por tratarse de una canción de muchísimo éxito reciente, es el del *Todo es mío*. En la época en que yo era director general de la Caja San Fernando y la Obra Social dependía de mí, le dimos a la Real Maestranza de Caballería de Ronda un dinero para rehabilitar su antigua biblioteca.

Una vez terminadas las obras me invitaron a ver cómo habían quedado las antiguas instalaciones una vez rehabilitadas. Había allí una galería de retratos de todos los hermanos mayores de la Real Maestranza de Caballería. Todos ellos personajes muy ilustres, con títulos nobiliarios y protagonistas de importantes hechos históricos, que el guía fue contando pormenorizadamente. Ante tanta gente importante, uno se sentía pequeño, inútil y un poco «chafado». Y me volví al hotel con la pregunta de qué se podría decir de mí cuando pasaran los años, y lamentándome de lo poco que era yo y de lo poco que tenía o aportaba a la sociedad. Yo no dejaba de preguntarme: «Entonces yo qué soy, qué aporto, qué tengo yo por mío...» y pensamientos similares. Pero de repente, estando echado en la cama, mirando el techo de la habitación, me revolví contra mí mismo en un arranque de dignidad y orgullo. Y me dije: «¿Cómo que qué tengo yo? Yo lo tengo todo, porque tengo El Rocío. Tengo la marisma, donde mis abuelos dejaron su vida. Las noches al raso, el capote de hule bajo el aguacero, la devoción al Rocío, la aldea, los caminos polvorientos, la alegría de la romería, los cohetes, las campanas, los campos bajo la luna, las estrellas sobre el río...; todo es mío; las hileras de hermandades atravesando los trigos…; tengo todo lo que es el Rocío; todo eso es mío y vale mucho más que todos los títulos, que los honores y que todas las grandezas que en el mundo se puedan tener». Y escribí la canción:

Porque tengo la fortuna…
Porque tengo la fortuna
de ser hijo del Rocío,
los campos bajo la luna,
las estrellas sobre el río,
los pinares y las dunas…
TODO ES MÍO.

Los rezos por sevillanas,
los repiques de campanas,
los cohetes y el gentío.
El desfile de caballos,
y esa alegría de mayo
cuando mi hermandá ha salío.
TODO ES MÍO

Las amapolas y el trigo
y un camino con amigos
que lo son desde la cuna.
TODO ES MÍO.

Porque tengo la fortuna
de llevar dentro el Rocío,
los alegres tamboriles,
la arena de los carriles.
TODO ES MÍO.

El buey que bebe en la fuente
y el delirio de la gente,
cuando te mira, ¡Rocío!
TODO ES MÍO.

Las lágrimas y las velas,
las chispas de las candelas
que hasta los cielos han subío.
TODO ES MÍO.

Porque tengo la fortuna
de llevar dentro el Rocío,
una ermita junto al cielo
donde siempre hallo el consuelo.
TODO ES MÍO.

Tenía mi familia amistad, desde la época de mi bisabuelo Curro y mi abuelo Feliciano, con la saga torera de los Ordoñez. El padre de Antonio Ordoñez, Cayetano, el Niño de la Palma había sido muy amigo de mi familia y vino muchas veces a los tentaderos que se daban en La Calera, una finca que tuvo mi familia en Hinojos hasta los años cuarenta.

Esa amistad se había continuado en nuestra generación con las hijas de Antonio Ordoñez: Carmen y Belén. Cuando Carmen se separó de Francisco Rivera, Paquirri, y se quedó con sus hijos, Fran y Cayetano, viviendo en Sevilla, nos veíamos con cierta frecuencia con Belén y con ella; nos invitaban a los tentaderos que daba Antonio Ordoñez, íbamos juntos al Rocío y todas esas cosas que hacen en Sevilla los amigos. Pero se dio la circunstancia de que Paquirri se puso en relaciones con Isabel Pantoja. Y fue en aquel momento en el que a Isabel se le ocurrió hacer un disco de sevillanas: *Viva Triana.* Todos los temas tenían un fondo taurino: *Los toreros de Triana, En tu capote de seda* y otros títulos parecidos. Las letras las hizo Juan de Dios Pareja-Obregón y yo puse las músicas, aunque por un error de la sociedad de autores apareció mi nombre solo en algunos de ellos.

Trabajar con Isabel Pantoja, durante muchas semanas, en los ensayos del disco, fue una experiencia muy gratificante, porque ella es ese tipo de artista al que le entregas una obrita insignificante y ella, con su maestría, su enorme voz y su saber, la convierte en una obra de arte. Por otra parte, fue un momento de tensión porque Carmen era amiga mía y Paquirri era novio de Isabel.

Desgraciadamente, Francisco Rivera murió inesperadamente entre las astas de un toro e Isabel no quiso cantar nunca aquello de «En tu capote de seda, esperanza quiero ser...». Esa cosa que tienen los flamencos de asociar el *mal fario,* o el *mal vajío,* a personas y a situaciones, impidió que pudiera seguir trabajando con Isabel, lo que hubiera sido maravilloso.

Por esta misma época llegó una cantante argentina a Sevilla, Nacha Guevara, con un espectáculo que se llamaba *Nacha de noche.* Probablemente ella había salido de Argentina por presiones políticas en la época del general Videla, del presidente Viola y de la Junta Militar que había derrocado a la presidenta María Estela Martínez de Perón. Pero *oficialmente* era una gira artística como otra cualquiera de cualquier artista.

El espectáculo estaba previsto que estuviera en el Teatro Lope de Vega durante una semana, pero se fue prorrogando semana tras semana, todas las noches lleno el teatro hasta la bandera.

Nacha, durante tanto tiempo que pasó en Sevilla, aprendió nuestras costumbres, iba por las noche a los bares..., escuchaba cantar y bailar sevillanas y se enamoró completamente de la ciudad, hasta tal punto que empezó a meter al final de su espectáculo una sevillana.

Ella salía al final del todo, después de haberse metido en el bolsillo a todo el público con sus canciones, a veces irónicas, a veces sentimentales, mordaces..., muy de la izquierda de entonces.

Salía al final para despedirse del publicó, envuelta en un maravilloso mantón de manila, con flores y peinecillos en el pelo..., como si estuviera vestida de flamenca. Y, para sorpresa del auditorio, entonaba una sevillana acompañada por Alberto Favero al piano:

El amor es un viento
que igual viene que va,
se muere y al momento
vuelve a resucitar...

El teatro se venía abajo de entusiasmo, y esto lo hacía todas las noches, de manera que algunos amigos me animaron a que fuera a presentarme como autor y conocerla en persona. Y así lo hice una noche y, desde el primer momento, mantuvimos una gran amistad, hasta tal punto que ella quiso hacer todo un disco de sevillanas que se llamó *¡Viva Sevilla!* Fue un trabajo interesante que grabamos en Hispavox en Madrid, pero hay que decir que fue muy mal acogido por el público sevillano.

El ambiente rancio y localista lo interpretó como una intromisión de Nacha en un terreno que no era el suyo.

Pero se quedó en mí un recuerdo muy bonito de haber tratado con una cantante de primera línea internacional, que después llevó las sevillanas por muchos países, sobre todo unas seguidillas-sevillanas dedicadas a don Quijote de la Mancha que yo le escribí.

Las noches flamencas de Sevilla, a las que yo ya estaba incorporado a pesar de mi poca edad, tenían por supuesto los *tablaos* flamencos, en los cuales los intérpretes afamados bailaban y cantaban fundamentalmente para turistas. Pero había otra serie de locales más para el público local y orientados al cante por sevillanas más que al cante jondo, donde se reunía la gente del mundo de las sevillanas: autores, intérpretes y aficionados.

Hay que tener en cuenta que entonces los autores de sevillanas éramos una minoría, quizás diez o doce entre músicos y letristas, y que componíamos para una gran mayoría de aquel público fiel, que consumía vorazmente todo lo que se grababa.

En aquellos años finales de los setenta y principios de los ochenta, los grupos más importantes, como Los Romeros o Los Marismeños, que grababan con Hispavox, llegaban a vender cuarenta mil discos cada año. Por eso la envidia y la ambición de muchos que no formaban parte de este club selecto de autores desataría el *agujero negro* en el que cayó la sevillana, con la multiplicación de grupos, coros, autores... con una calidad pésima, pero sobre todo con falta de gracia, lo que ha venido a suponer que el público fiel se desenganche del género, al no identificarse con la producción nueva.

Pero volviendo a estos locales con tanto arte que había en Sevilla, de los que ya mencioné la Taberna de Siete Revueltas y El Traga, había otros que no debemos pasar por alto, como La Trocha, El Embrujo, El Semáforo y el Tiro Pichón.

Las barras de los bares, fuente inagotable de sabiduría, han sido siempre importantes para la relación artista-compositor, sobre todo entrada la noche y de madrugada. Yo, por mi edad, que aún era menor de dieciocho, no debería de haber entrado allí nunca, y ahora seguramente me negarían el paso, pero los frecuentaba bastante con mi grupo de amigos, casi siempre hasta el amanecer.

La Trocha era una taberna que históricamente estaba abierta en la plaza de San Leandro de Sevilla, pero yo ya la conocí cuando se trasladó a la ronda de Capuchinos y era regentada por Manolo Bernal. Allí estaba el conjunto Los de la Trocha, que me grabaron algunas sevillanas famosas, como aquella de:

Estoy buscando un querer
que tenga los ojos verdes
para morirme por él,
para con él, yo perderme...

Para mí La Trocha siempre tiene dos connotaciones importantes; una es haber conocido allí a José Miguel Évora, que era un compositor un poco mayor que yo, hermano de Manolo Sanlúcar y de algunos de los integrantes del grupo Los Doñana. Había hecho algunas sevillanas bonitas, como *Pensamientos míos, vete a buscarla...* o *Fue tu querer el que a mí me traicionó.* Conectábamos mucho, tanto que yo le enviaba muchas cosas que componía para que las escuchara, pero después surgieron una serie de suspicacias, porque yo encontraba en sus músicas ecos de mis propias melodías y esta situación me hizo desconfiar.

Pero sobre todo de La Trocha siempre recuerdo la amistad con dos personas, mucho más mayores que yo, pero que eran verdaderamente entrañables: Manolo García y Manuel Garrido; eran compadres y habían hecho muchas sevillanas juntos. Pero lo mismo que eran amigos desde la niñez, se peleaban con muchísima frecuencia. Y en una de estas reconciliaciones y peleas dieron a luz a una sevillana que ha sido famosa en el mundo entero:

Algo se muere en el alma
cuando un amigo se va

y va dejando una huella
que no se puede borrar...

También hicieron otras muchas sevillanas famosas en aquella época y recuerdo que Manolo García, fuera donde fuera, iba siempre con su guitarra.

Pero a Manolo Garrido no lo podemos despachar tan solo con esta referencia, por ser un gran letrista y una persona excepcional, sevillano clásico y simpático, con unas cualidades para conectar con el público, maravillosas...; además era un hombre muy religioso y sabía bastante de teología, como demostró a la hora de hacer la letra para la música de la *Misa de alba en las Marismas*, donde su «Salve» brilla como un compendio de teología mariana, y es quizás la mejor salve rociera que se haya escrito nunca, con música de José Manuel Moya.

De la personalidad de Manolo Garrido quiero destacar algo que quizás, con lo tranquilo que era, llame mucho la atención. Resulta que él trabajaba en el Banco de Bilbao, en una sucursal de Triana. Un día de aquellos, entró un encapuchado con una pistola y protagonizó un atraco. Los empleados de la caja, asustados, le dieron todo el dinero y el atracador salió huyendo con el botín. A todo esto, Manolo, que estaba sentado en una mesa como un empleado cualquiera, reaccionó de una forma inesperada y salió corriendo detrás del ladrón por las calles del barrio y gritando: «Al ladrón, al ladrón...».

Nótese que el atracador llevaba una pistola, pero él sin miedo seguía corriendo detrás de él, y con él otros muchos que se le unieron en la persecución del caco.

Finalmente lo atrapó, se tiró encima él, lo cogió, le puso las rodillas sobre el pecho y con una tranquilidad pasmosa le dijo: «Haga usted el favor, señor, estas cosas no se hacen».

Yo nunca le puse música a sus letras, pero estoy en muchos discos con él del grupo Albahaca, que cantó su sevillana eterna *Pasa la vida*.

En fin, Manolo era todo un personaje y ahí está la cantidad de sevillanas que hizo con la misma gracia que él tenía.

Las principales tienen música de José Manuel Moya, que es un nombre imprescindible en la historia de las sevillanas. Su talento estriba en la capacidad de conseguir melodías pegadizas, en auténtica renovación de la musicalidad de la sevillana, a lo que se unían los maravillosos arreglos musicales de Jesús Gluck.

Moya fue un compositor prolífico donde los haya. Hacía sevillanas no solo para Los Romeros de la Puebla, sino para decenas de grupos emergentes, y era un maestro en transformar la melodía de cualquier canción en música para una sevillana. Un año, me confesó que había llegado a musicar doscientos temas. Por esa misma época yo hacía diez o doce temas al año.

Pero ya se avecinaba la saturación del mercado que haría que yo tomara la decisión de retirarme, como después contaré. Porque se estaba formando un mercado enorme, y ya no podíamos seguir siendo compositores al estilo *romántico* o *bohemio,* que escribíamos lo que el corazón nos dictaba, y nacían temas que el público hacía suyos con mucha facilidad. Ahora había que mantener toda una industria y nos estábamos convirtiendo en trabajadores de las casas discográficas.

Otro bar flamenco interesante, abierto hasta las tantas de la mañana, en el que se cantaban y bailaban sevillanas sin parar y al que acudían los aficionados era El Semáforo, y allí estaba Antonio Rodríguez Ferreras, que era su propietario junto con su hermano. Antonio era autor de sevillanas preciosas, entre las que destacaron las que compuso para la Hermandad de Sevilla, como el

Prepárate carretero
y ve enganchando los bueyes,
pon en marcha esa carreta
al son de sus cascabeles.

Siempre lo recordaremos por aquella *Una paloma bajó/al arroyuelo a beber.* O aquella otra que decía: *A mí me gusta el flamenco/el fandango y la jarana,* que aún se siguen cantando.

Antonio es el prototipo del compositor cantautor porque él escribía sus sevillanas para cantarlas en El Semáforo y le tengo que agradecer que me animara a publicar *La carreta de mi prima*, una sevillana en la que yo nunca confié y él me insistió en que era muy buena. Esta sevillana se me ocurrió un año a la salida de la Hermandad de Triana, cuando, en la bulla, coincidí con unas mujeres que se llevaron todo el tiempo queriendo averiguar cuál sería la carreta de la prima de una de ellas, de nombre Pepa. Las señas que tenían de la carreta, que no paraban de repetir, era que llevaba madroños granas y cortinas amarillas. No tuve mucho que inventar. Copié lo que acababa de vivir e hice una sevillana que yo cantaba de broma en El Semáforo. Antonio me decía: «No te rías, que esa a sevillana es un bombazo». Y así fue.

El último bar que cerraba en toda Sevilla estaba, junto con El Embrujo, por las afueras de Castilleja de la Cuesta, y era El Tiro Pichón, en la cuesta del Caracol. Allí se reunía a tomar la última copa todo el *hunderworld* de Sevilla y sus contornos, muchos hombres ricos con sus amantes cargadas de joyas, putas con algún cliente de ocasión, seres solitarios que ahogaban en alcohol sus penas, *niñas* que empezaban su carrera de mujeres fáciles y muchísimos flamencos... ¿Qué hacían allí una pandillita de niños de dieciséis años entre los que yo estaba? Mi afición me empujaba a buscar todos aquellos ambientes en los que se cantaba hasta las tantas de la madrugada.

En la barra de El Tiro Pichón, recuerdo una vez haber saludado a Paco Toronjo, que también me conocía. Estaba frente a una botella de coñac Centenario Terry...; él se ponía la botella enfrente, en la barra, y una copita al lado hasta que se la bebía casi entera. Entonces empezaba a hablar con ese senequismo que tienen los flamencos andaluces; esa especie de *martillo pilón* que dice las frases más rotundas que se quedan para siempre, como aquella de Rafael, el Gallo, «Lo que no puede ser no puede ser y además es imposible», y otras frases parecidas que han quedado para la posteridad. Pues aquella noche recuerdo que me lo encuentro en la barra del bar y me pregunta: «¿Qué te cuentas, niño?». Y yo le digo: «Nada, Paco. Aquí, con los amigos». Y me mira fijo y me dice: «Te voy a decir una cosa, para que no la olvides. To *er* que dice "yo soy" es porque no tiene a nadie que le diga "tú eres…"».

Esta frase para mí ha sido maravillosa, porque es un antídoto contra el orgullo y contra la vanidad, a los que somos muy dados los del mundillo artístico. Mejor no hablar de uno mismo; dejar que sean los otros los que hablen de ti.

Y siguiendo con las barras de los bares, que tanto dan para hablar, tengo que referirme a la barra del Hotel Wellington, en la calle Velázquez de Madrid. En aquella época el Wellington era una especie de embajada de los andaluces en Sevilla, puesto que allí vivía Juan Palma, que era periodista y desde allí hacía el programa *La Hora de Andalucía.* También tenía habitación a temporadas Manuel Pareja Obregón, que usaba el piano del *hall* del hotel para componer o, al menos, para desfogar alguna canción que tuviera en mente. Algunas veces se formaban allí unos ambientes flamencos tremendos, mientras que el director del hotel sudaba la gota gorda, viendo su hotel tomado por la torería y la flamencura, que ninguna de las dos tiene cura.

Pero mi recuerdo de aquella barra es haber escuchado un vaticinio, una profecía, un mal presagio, de la boca de la persona que había parido como quien dice a la sevillana actual.

Habían aparecido de repente en el mundo de las sevillanas, sin saber de dónde venían o quién los había traído, Los Cantores de Híspalis con *sus sevillanas espectáculo,* la mayor parte de las veces estridentes y de poca calidad. Era la Sevilla de los barrios que había interpretado a su modo la sevillana clásica y la había destrozado.

Manolo, en aquel hotel, me dijo que Los Cantores eran *el principio del fin…*, y que si lo que ellos cantaban estaba triunfando era que el mal gusto se había apoderado del público de Sevilla, y que ese nuevo *mal gusto* terminaría arruinando las coplas por sevillanas.

Esta ciudad nuestra de Sevilla, tan injusta como veleidosa, ha encumbrado a este tipo de grupos, pero no hay quien pueda cantar una reunión cualquiera ninguno de los temas salidos de esas voces.

También me dijo aquello que antes os decía: que éramos una minoría que componía para una mayoría de personas e íbamos a asistir a un cambio radical, en el cual habría una mayoría de gente haciendo muchísimos temas para una minoría de oyentes, cada vez más exigua, en el mundo de la de las sevillanas.

La prueba de lo que digo, con perdón de todos los admiradores de este grupo, es la sevillana dedicada a Huelva que lleva por título *Por la bahía.* Cada vez que escuchaba vociferar el estribillo, «Por la bahíaaaa, yo quiero ser marinero, por la bahía…», me sonrojaba. «¿Pero es que no conocen estos señores que en Huelva no hay una bahía?», me preguntaba.

Todo el mundo sabe que Huelva lo que tiene es una ría y nunca una bahía; una ría en la que confluyen los ríos Tinto y Odiel. Aquello era la prueba de lo que Manuel Pareja Obregón decía: el triunfo de la incultura, del mal gusto y del griterío.

La sevillana compuesta como fruto de las experiencias vividas y del conocimiento de lo que se dice…, la sevillana que retrata emociones y vivencias del que las crea, había dado paso a otras, hijas de numerosos autores que escribían del Rocío sin haberlo pisado, de toros sin haber asistido jamás a una corrida, de campo sin saber de lo que hablaban. A decenas surgieron nuevos compositores, después de la irrupción de Los Cantores, componiendo temas que no llegaban, ni llegan hoy, al corazón del pueblo, solo llenaban los bolsillos de las productoras y de galas a los intérpretes.

En realidad yo fui un gran culpable de que el mundo de las sevillanas, o el grupo de compositores que entonces éramos, se fuera abriendo sin parar a nuevas personas. Aunque también muchos de los integrantes de los conjuntos de sevillanas empezaron a componerse sus propias sevillanas. No había grupo que no contara con su, llamemos, compositor interno que hacía sevillanas de no demasiada calidad, pero que, como se vendían los discos con diez temas y siempre alguno pegaba, se beneficiaban económicamente de la venta del vinilo o del CD.

De esta situación recuerdo una anécdota de Paulino al que un grupo del momento le quiso hacer cambiar la palabra *consola* (mueble sevillano) por *consuela* (del verbo *consolar*). En vano intentaba explicar Paulino que no se podía cambiar *consola* por *consuela*. Y el del grupo insistía: «Se dice *consuela*, no *consola*». Paulino fue uno de los primeros que decidió retirarse ante la avalancha de la incultura y el mal gusto.

Por esta época, a mi casa me llegaban por correo sobres llenos de letras de sevillanas, enviadas por los más variopintos personajes, para que yo les pusiera música. Algunas letras tenían gracia, pero no se les podía poner música porque el que las había escrito ignoraba lo más elemental de la composición musical. Lo normal era leer folios llenos de faltas de ortografía y de sintaxis, versos mal medidos y mal rimados. Y yo me preguntaba: «¿Por qué le ha dado a tanta gente por escribir sevillanas?». Pero no solo eran autores, también los intérpretes, grupos y coros crecían como la espuma.

De todos estos autores, a los que abrí la puerta para que pudieran publicar sus creaciones, quiero destacar a dos: Manuel Melado y el padre Quevedo.

Melado ha sido una persona querida en Sevilla, por ser bético, por ser un humilde barbero de la Alameda y toda esta serie de cosas que a los sevillanos les hacen gracia y a las que él sabía sacarles partido maravillosamente, como le ocurría a Pepe, el Perejil, y antes que él al Pali, todos ellos con sus correspondientes estatuas en las plazoletas de Sevilla. Solo por su gracia se las merecen, no por la calidad de su aportación literaria, musical o artística.

Yo iba a cortarme el pelo donde Melado, que estuvo antes que en la calle Amor de Dios en el Centro Comercial Alameda Multicines. Él tenía por entonces un programa de radio dedicado a temas literarios, que se llamaba *Guadalquivir de las Artes*, porque no cabe duda de que él era un gran aficionado a la literatura. A ese programa me invitó muchas veces, hasta que me presentó sus letras para sevillanas, y yo tuve a bien ponerles música y presentarle al mundillo nuestro. Ese fue el principio de su carrera, en la que tuvo algunos éxitos como aquella de *Mírala cara a cara que es la primera...*

El padre Quevedo era un jesuita que vivía en la Residencia de Jesuitas de la calle Jesús del Gran Poder de Sevilla. La historia de esta iglesia hasta llegar a ser de la Compañía de Jesús es muy interesante y bonita porque había sido una iglesia franciscana y posteriormente, con las desamortizaciones, almacén, cuadra... hasta que la compró una comunidad evangélica protestante, que en la Sevilla católica y mariana tuvo muy poco éxito y se marchó de la ciudad. Finalmente la iglesia vino a pasar a los jesuitas, donde constituyeron una residencia para los padres, una bonita capilla que daba a la calle Trajano, la Capilla de los Luises y una serie de locales donde estuvo el Club Vida con su *cinefórum* famoso, etc. Allí vino a parar el padre González de Quevedo, que era una persona no demasiado inclinada hacia el Rocío, pues casi no lo conocía. Yo, que vivía cerca de aquella iglesia, empecé a tratarlo y normalmente me confesaba con él y le contaba mis actividades artísticas y rocieras. Un día vino a conocer el santuario y se hizo un grandísimo devoto de la Virgen. Después conectó con Moya, con Manuel, el Tete, con Jarilla y con una serie de personas de allí y comenzó a escribir sevillanas con una técnica admirable y un buen gusto enorme. Todas se las grabaron Los Romeros, como *Tengo en mi casa un tambor/y una estampa del Rocío,* por ejemplo. Se pasaba tanto tiempo en el Rocío que los superiores jesuitas lo trasladaron a Córdoba, un poco como castigo, porque no eran propias de un jesuita *ocupaciones de tan baja estofa* como escribir sevillanas. Aunque también predicaba sermones encendidos de amor a la Virgen, pero eso parece que no contó para la decisión.

Una vez en Córdoba, desde la ventana de su habitación, veía el Guadalquivir camino de Sevilla y de la Marisma, y esa lejanía del Rocío hizo que hiciera esa sevillana que todos hemos cantado, *Por Córdoba pasa el río/va a la marisma cantando* y aquella maravillosa de *Tiempo detente.*

Estamos ya a la mitad de la década de los ochenta, y yo estoy entregando mi legado de vivencias de niño y adolescente a lo que sería la voluminosa discografía de los años noventa: *el boom de las sevillanas*, del que no formé parte de forma consciente porque, como ya he anticipado, decidí retirarme. Tardaría casi una década en reaparecer, cuando ya eran otros los nombres de los artistas: María del Monte, Senderos, Lubricán...

La sevillana se había convertido en un medio de vida de muchas personas: locales abiertos al público para bailarlas y cantarlas, salas rocieras, academias de baile por toda España, discotecas con su ratito de sevillanas...

Cuando contemplaba todo este fenómeno, no podía dejar de acordarme de los años oscuros, en los que nuestros *cantaores* eran otro tipo de emigrantes andaluces que intentaban ganarse un sueldo mísero, cantando en Las Brujas, en Los Canasteros... y tantos tablaos de Madrid.

Allí los conocí yo, cuando viajaba allí para las juntas de la Sociedad General de Autores con la autorización de mi padre por ser menor de edad. Allí hablé, traté y admiré a los Hermanos Toronjo, a Los Hermanos Reyes, a Los Marismeños...; pilares y cimientos de lo que después ha sido la sevillana. Allí se ganaban la vida, viviendo en pensiones sórdidas, para ahorrar dinero y enviárselo a sus familias. Ellos mantuvieron la antorcha de la sevillana cantando en locales y salas de fiesta para turistas extranjeros, que no podían entender la grandeza de su arte. Con la vista puesta en ellos, y en todos los que habían sido mis maestros desde Trinidad, la Parata, a Rafael de León, decidí cerrar la etapa de mi vida como compositor y centrarme en mi carrera profesional como abogado en una entidad financiera.

La vida con sus azares y mis propias decisiones me llevaron a Madrid, a las oficinas principales de un gran banco nacional en el paseo de la Castellana. Como los artistas y los flamencos y la gente de esos mundillos bohemios tienen fama de frívolos, superficiales, desordenados y cosas así, mi gran preocupación era que me tomaran en serio, desde el punto de vista profesional, puesto que yo había hecho mis oposiciones a notarías y era un especialista en derecho inmobiliario, aunque además era un compositor afamado.

Me parecía que si sabían que yo era el Feliciano Pérez, el de las sevillanas, eso me restaría puntos en aquel ambiente pijo, elitista y materialista, donde se movían y mandaban los directivos de aquel banco. Ya bastante tuve con tener que cambiar mi aspecto exterior, porque escuché que decían de mí que habían *fichado* a un *señorito de Sevilla*, lo que deducían de mi forma de vestir, mi pelo mojado, etc. Por eso yo pensaba que, si además se enteraban de que escribía sevillanas y tocaba la guitarra, todo estaría perdido desde el punto de vista de poder hacer una carrera profesional ascendente.

Así, con este propósito de no mezclar una cosa con la otra, estuve durante muchos años de incógnito en el ambiente de trabajo. A veces se daba el caso de que, en las comidas de negocio (como estábamos en pleno *boom* de la sevillana y las salas rocieras en Madrid, y hasta Mario Conde, presidente de Banesto, era un asiduo a ellas), en la mesa se hablaba de sevillanas y de mí como compositor, sin saber que yo era yo.

Me salvó que, en aquella época, yo no firmaba mis sevillanas con mi apellido completo, y en el reverso de los discos, donde aparecían los nombres de los autores, siempre venía puesto «F. Pérez» o «Feliciano Pérez». Para colmo, mi jefe en la asesoría jurídica era un madrileño castizo que lo mismo cantaba un chotis que una sevillana mientras trabajaba. Yo lo escuchaba y pensaba: «¡Madre mía, si supiera...!».

Pero creí que si se descubría este subterfugio iba a ser peor el remedio que la enfermedad y, como ya ocupaba una posición ejecutiva importante, me decidí a contarlo.

Un día, mientras comíamos en horario de trabajo, un compañero me hace ver la casualidad de que me llamara igual que el compositor de sevillanas. Entonces le dije: «Es que soy yo mismo, pero no me gusta decirlo». Todos se quedaron helados y empezaron a preguntarme sin parar cosas del mundillo artístico. Pasados los años, no creo que verdaderamente pudo afectar mucho a mi posición, después de haber demostrado mi valía profesional durante algún tiempo.

Ya sabéis cómo somos los seres humanos, que si vales para una cosa no vales para otra, y por eso creo que hice bien en ocultarlo, y también en descubrirlo llegado el momento.

Yo, además, vivía en Madrid en una casa que me había proporcionado el banco, me había casado y tenía hijos pequeños y venía muy poco por Sevilla, tan poco que circulaban por Sevilla innumerables falsas leyendas sobre las razones de mi desaparición. Mi forma de vida había cambiado radicalmente, no escribía nada y a los que llamaban para pedirme temas les decía que estaba retirado. Creo que ni me llevé la guitarra a Madrid, y dejé en Sevilla la carpeta donde guardaba mis obritas, escritas en papeles que solo yo entendía.

Pero pienso que el espíritu de la sevillana me perseguía y se hizo presente en una llamada de José Miguel Gil Buiza, un compositor culto que había decidido escribir una enciclopedia de la sevillana, y quería incluir mi foto y algunos datos biográficos. Era el año 1991. Yo me resistí un poco, y tuve con él largas conversaciones en las que me hizo ver lo que suponía mi aportación al género, lo que el público me añoraba y cosas así que me hicieron reflexionar y sopesar si no estaba actuando exageradamente.

Por aquella misma época me traje de Zaragoza un piano familiar de la familia de mi mujer. Lo instalé en mi casa del paseo de la Castellana y, por las noches, cuando volvía del banco, tocaba y a veces recordaba todas las cosas que había compuesto. Habían pasado solo seis o siete años sin que yo hubiera hecho ni una sola sevillana, pero los grupos de una nueva generación y los coros de las hermandades rocieras comenzaron a contactarme y a pedirme temas, como el Coro de la Hermandad de Triana, el de Gibraleón y otros muchos... También por estos años, María del Monte, que se había hecho un hueco importante en el mundo de la sevillana con el tema de Rafa González Serna *Cántame,* grabó una serie de discos llamados *Historia de la sevillana* y, al pedirme permiso para grabar mis temas más populares, retomamos el contacto. Esto daría lugar a nuevas sevillanas escritas para ella, como *Salta la rana, Se bambolea la rama del limonero, Un chaparrón, chaparrón...* Y toda una serie de temas que se hicieron muy famosos ya en la década de los años 2000.

Es una constante en mi vida que todas las cosas tengan un camino de ida y vuelta. Por eso siempre cito a Serrat y a su canción *Las pequeñas cosas,* cuando dice:

Uno se cree que las mató el tiempo y la ausencia,
pero su tren tenía billetes de ida y vuelta...

Cuando pensamos que una cosa, un recuerdo, una vivencia, una persona..., se quedaron muy, muy atrás y que nunca volveremos a encontrarnos con ellas, de repente aparecen y se instalan en nuestra vida, con tanta fuerza como en el pasado, aunque a veces de forma distinta.

Así, Hinojos, donde yo había bebido aquella tradición oral y vivido aquellas experiencias que me convirtieron en compositor ocasional, volvió a llamar a mi puerta de forma inesperada. Unos parientes míos, cuyos hijos habían fundado un grupo de sevillanas llamado Lubricán (Raúl, Tachú, Marcos y Víctor), me pidieron que les ayudara a tener temas bonitos. Como a mí la familia *me pierde,* aunque sea lejanísima, decidí poner mi granito de arena.

Empecé entonces a escribir casi por compromiso, y en aquel piano empezaron a surgir temas como,

Caminito, caminito,
que huele a pino y a mar.

Mi abuela a mí me contaba
tantas cosas del Rocío.

Y otras muchas como *Una historia de novela, Un barco salió pa cuba, Arboleiya verde, A la sombra verde, Flores en un mismo ramo*... Estos temas los situaron en la primera fila de los grupos de sevillanas desde finales de los años noventa.

También Almonte reapareció en mi vida de compositor con nuevos nombres de artistas como Senderos, para los que escribí:

Marisma rincón de Huelva,
pastos de Hinojos y Almonte.

En este pueblo no hay fuente,
porque el alcalde no quiere.

A los que siguieron decenas de artistas como Rafael Medina, Macarena de la Torre, Sandra Carrasco, Pepa Faraco, el Coro de la Hermandad Matriz, para el que escribí muchas sevillanas, *Aunque no lleves corona, Hazte dueña de tu pueblo* o la plegaria *A la reja, a la reja*...

Y así sucedió que, casi sin darme cuenta, estaba en este nuevo mundo de las sevillanas, en el que apenas se vendían discos y la mayor parte de los grupos se autofinanciaban sus trabajos. Un mercado fragmentado en el que habían triunfado las *sevillanas de culebrones,* que no son sevillanas salvo en la forma, pero en las que la gente de poca cultura se enganchaba, dicho sea con todos mis respetos para Miguel Moyares. También habían aparecido nuevas casas de discos como Adriático Records, una renovada Pasarela Discos o Discos Senador.

Las mentalidades habían cambiado, los programas radiofónicos de difusión de sevillanas casi no tenían audiencia, el gusto de los nuevos artistas era otro, el público sevillanero era mínimo, las ventas de soportes no cubrían los gastos de grabación y componer era solo *por amor al arte…*; pero yo ya no me negaba a dar temas si me los pedían, aunque la mayor parte de las veces no se escuchaban ni nadie se los aprendía. Una situación muy diferente a la de mis inicios como compositor, pero ¿qué podía hacer?

De nuevo la vida profesional me llevó a Sevilla a una caja de ahorros y su Obra Social dependía de mí, con lo que tenía en mi mano promover la cultura y las artes. Encontré que era una oportunidad inmejorable de defender nuestro folclore. Por eso inicié una serie de grabaciones bajo el título *Así canta nuestra tierra por sevillanas.* Se hicieron cuatro CD que se regalaban en las oficinas de la entidad a los clientes. Y volvieron a la vida, en un sentido homenaje que yo quise tributar ya que la vida me lo permitía, todas aquellas viejísimas coplas, aprendidas de labios de tantos y tantos como han ido apareciendo en este libro. Cantadas por las voces de artistas jóvenes, que gratuitamente colaboraron…; maravillosas las sevillanas de mi hermano Juan Rafael con Sandra Carrasco, de mi sobrino José Luis Pérez-Vera de niño, de Pepa Faraco, de Manuel Lombo, de Senderos, Amigos de Gines…; espléndidos los arreglos de Jesús Cayuela. Un auténtico lujo y placer para los oídos, pero que, al ser una producción particular, ya no se encuentra por ninguna parte y solo los que tengan los CD podrán disfrutarlos.

De todos los artistas profesionales que colaboraron en aquel proyecto, y que entonces eran no demasiado conocidos, hay tres que debo resaltar porque, aunque no se dedican a la sevillana sino al flamenco, la copla y otro tipo de música, cuando cantan por sevillanas lo hacen maravillosamente. Una es Sandra Carrasco, de una voz y una delicadeza llena de matices inigualables. Otro es José Luis Pérez-Vera, que tiene el lamento interior y la elegancia que ha heredado de su padre, y es el depositario y continuador de todo lo que mi familia atesora de vivencias, creaciones y aportaciones a la música autóctona de Andalucía, ya sea flamenco o sevillanas. Y el tercero al que me debo referir es Manuel Lombo. No sería justo no hablar de él aquí. Por su compromiso con la sevillana y la difusión que hace de las mismas en sus programas de televisión, como *Música para tus oídos, Diana y Lombo,* entre otros, lo merece.

Conocimos en mi familia a Manuel Lombo cuando todavía era casi un niño, quizás con dieciséis o diecisiete años, y desde siempre supimos que era una promesa del cante flamenco, de la copla y de la canción melódica en general.

Muchos dicen, y yo también lo creo, que él se ha formado, en parte, en todo el acervo musical flamenco y folclórico que tenemos en mi casa, heredado de los antiguos y cultivado durante toda nuestra vida. Pero el artista es él. De nosotros ha podido coger tal o cual cosa, pero aquel niño que cantaba saetas desde que era un mico en los balcones de Sevilla..., aquel Manolito, el Saetero, se ha convertido en un gran artista por derecho propio.

Os invito a que lo escuchéis en el cante que mejor hace con diferencia: la saeta. Váyanse un Lunes Santo al barrio del Museo en Sevilla. Ese lunes en que se viste de gala con la salida de tres cofradías importantes, el Museo, Jesús de las Penas y Veracruz. Vayan ustedes allí, cuando sea noche cerrada, ya pasada la una de la madrugada...; vean, cuando por la calle Cardenal Spínola, toda a oscuras y con el azahar de los naranjos embrujando el aire, viene llegando a su templo Jesús de las Penas. Escuchen esa saeta maravillosa...; esa voz que surge de entre la muchedumbre, desde la más profunda oscuridad, pero que ilumina la noche...; escuchen esa voz que le es imposible a cualquier garganta humana; escúchenla y denle gracias a Dios, que hace que los hombres puedan alabarle con tanta belleza; oigan esa oración hecha de cante jondo, a la que se une un público ensimismado, mientras entra en su templo Jesucristo caído sobre un monte de claveles rojos, con la cruz a cuestas.

En el año 2018 tuve la gratísima sorpresa y alegría de que María del Monte me invitara a su programa de televisión *Yo soy del sur,* ese programa que ha sido importantísimo para la recuperación de las sevillanas, llevándolas a todos los públicos y dando a luz a nuevos intérpretes.

Yo venía siguiendo el programa durante las cuatro temporadas que duró y veía con satisfacción los montajes que hacían de mis sevillanas, con orquestación de Emilio Gallardo y escenificaciones muy bonitas, como la que hicieron de *Una historia de novela* o de *Un barco salió pa Cuba*…

El programa al que me invitaron se convirtió en una especie de homenaje de casi cuatro horas de duración, donde se cantaron mis sevillanas más importantes, interpretadas por nuevas voces.

Este programa de televisión, en el tiempo en que estuvo en antena, fue una inyección de vida a un género que se nos muere y por el que debemos de seguir haciendo cosas. Qué menos que los canales de televisión andaluces le sigan dedicando algún espacio de su programación a nuestra cultura.

Mi amor por las sevillanas desde que fui niño, desde aquella lejana cruz de mayo en mi Hinojos natal, no ha desaparecido; y, aunque haya sufrido altibajos y decepciones, también me ha dado y sigue dando muchas alegrías.

Por eso sigo en la brecha, componiendo para los intérpretes de cada momento, dando conferencias, apareciendo en programas de televisión y escribiendo este libro en testimonio de todo lo que las sevillanas son y representan.

Mientras haya un grupo de andaluces, o no andaluces, que se reúnan con cualquier motivo festivo y surja el momento de cantar y bailar, la sevillana seguirá viva por los siglos de los siglos.

SELECCIÓN DE SEVILLANAS

LA CARRETA DE MI PRIMA

La carreta de mi prima
tiene los madroños grana,
las cortinas amarillas
y un gran letrero que dice:
«¡Viva Triana y Sevilla!».

Viva Triana y Sevilla,
¡qué carreta más gitana
la carreta de mi prima!

Mi prima se llama Pepa,
mi sobrina Catalina.
Las dos van en la carreta,
la carreta de mi prima.

Viva Triana y Sevilla,
¡qué carreta más gitana
la carreta de mi prima!

Se preguntan las vecinas:
«¿De quién será esta carreta?».
La carreta es de mi prima;
mi prima se llama Pepa.

Viva Triana y Sevilla,
¡qué carreta más gitana
la carreta de mi prima!

Por venir, vine volando
der Sarvadó a San Jacinto,
pa ve a mi prima tocando
panderetas y palillos.

Viva Triana y Sevilla,
¡qué carreta más gitana
la carreta de mi prima!

EL DESAMOR

El amor es un viento
que igual viene que va,
se muere y, al momento,
vuelve a resucitar.
Si me enamoro algún día,
me desenamoraré
para tener la alegría
de enamorarme otra vez.

Cuando más te quería
me dijiste que no,
y el amor que sentía
se volvió desamor.
Si me enamoro algún día,
me desenamoraré
para tener la alegría
de enamorarme otra vez.

El amor es un juego
con su cara y su cruz,
puede ser nieve y fuego
puede ser sombra y luz.
Si me enamoro algún día,
me desenamoraré
para tener la alegría
de enamorarme otra vez.

Ya no quiero tus besos
y hoy me quieres tú a mí.
Tú no llores por eso
que el cariño es así.
Si me enamoro algún día,
me desenamoraré
para tener la alegría
de enamorarme otra vez.

En colaboración con Paulino González

UNA ORACIÓN ROCIERA

Una oración rociera
por quien me enseñó el camino, ave María:
a ponerme los zahones,
a apretarme bien la faja,
a colocarme el sombrero
y a *cogé* el camino recto
porque el Rocío es el cielo.
Con él fue el primer camino,
el primer trago de vino,
noches de estrella y romero…
tamboriles por los pinos,
cantares por los senderos.
Y él señaló al horizonte,
donde entre pinos y monte,
una blanca ermita asoma.
Y yo le di el primer viva:
¡viva esa Blanca Paloma!

Una oración rociera
por quien me enseñó el Rocío, ave María:
quien de niño me contaba
que quiso Dios la encontrara
un *cazadó* en una encina.
Con tu nombre me cantaba
la nana que me dormía.
Y quien me enseñó la salve
a pedir con fe y rezarle,
pues con fe todo se alcanza:
«Dios te salve, Reina y Madre,
llave de mis esperanzas».
Yo, chiquillo, no entendía,
pero en la reja veía
cómo aquel hombre lloraba.
¡Cómo no llorar ahora
cuando la miro a la cara!

Una oración rociera
y un recuerdo en el camino, ave María:
el que me subió a sus hombros
pa que la viera de lejos,
que era chico y no podía
y el que cuando fui más grande
bajo el paso me metía.
Agarrao a los varales,
hombro con hombro conmigo,
fuimos dos hombres iguales,
fuimos como dos amigos
que llevan la misma sangre.
Me doy su sangre y su vía
y todo lo que ahora es mío,
me dio lo que más quería:
a la Virgen del Rocío
que es mi fe y es mi alegría.

Una oración rociera
pa que lo tenga en el cielo, ave María:
después de tantos caminos,
de tantos años de arenas,
se hizo viejo el peregrino
y ya no pudo siquiera
venir andando al Rocío.
Un consejo antes de irse,
él me lo dijo llorando
y yo se lo he *prometío*:
«Quiero que la quieras tanto
como siempre la he *querío*».
Murió Tu Nombre en sus labios
y al cielo se fue a tu lado.
Yo olvidarlo no podría.
Una oración rociera: ave María.

LLAMA CUANDO QUIERAS

En la distancia vivo sin ti
y prisionero de tu querer,
ya sabes cómo me haces feliz
con que me llames alguna vez.
Llama cuando quieras
porque para ti no tiene horas mi reloj…
Llama aunque sean las once,
las doce, la una o las dos.

Tu voz me suena como un cairel,
como el chorrito de un manantial.
Con dos palabras que tú me des
ya no es tan triste mi soledad.
Llama cuando quieras
porque para ti no tiene horas mi reloj…
Llama aunque sean las once,
las doce, la una o las dos.

Amor de lejos que malo es,
siempre pendiente de un hilo está,
si tú no llamas lo cortaré,
aunque quizás no pueda olvidar.
Llama cuando quieras
porque para ti no tiene horas mi reloj…
Llama aunque sean las once,
las doce, la una o las dos.

Pasan las horas, suena el reloj
y tú no llamas no sé por qué,
cada minuto crece mi amor,
cada segundo más grande es.
Llama cuando quieras
porque para ti no tiene horas mi reloj…
Llama aunque sean las once,
las doce, la una o las dos.

PENSANDO EN ELLA

Este camino termina
junto a la ermita,
ante la Blanca Paloma
de las marismas.
Pensando en ella…
con el calor, entre los pinos,
de noche, con las estrellas…
Yo quiero hacer el camino
pensando en Ella.

Lirios, romero y tomillo
de los caminos
cortan *pa* que Ella los huela
los peregrinos.
Pensando en ella…
con el calor, entre los pinos,
de noche, con las estrellas…
Yo quiero hacer el camino
pensando en Ella.

Del Anjolí vengo andando,
polvo y jarana
delante de la carreta
de mi Triana.
Pensando en ella…
con el calor, entre los pinos,
de noche, con las estrellas…
Yo quiero hacer el camino
pensando en Ella.

Caras morenas y con polvo
la salve rezan.
¿Quién no llora ante Tus Ojos,
Flor de Pureza?
Pensando en ella…

con el calor, entre los pinos,
de noche, con las estrellas…
Yo quiero hacer el camino
pensando en Ella.

MI ABUELA A MÍ ME CONTABA

Mi abuela a mí me contaba
tantas cosas del Rocío:
«Ay, lo que se está perdiendo»,
«Ay, lo que ya se ha *perdío*».
Un Rocío de candelas
y de chozas *apagás*…
«Ay, lo que se fue y no vino.
Ay, lo que no vuelve más».
Pero siempre quedará
la carita de esa Virgen,
marismeña *resalá,*
y eso hace que no falte
aunque ya no sea igual.

El pocito de la Virgen,
donde bebía *to* el Rocío
«Ay, lo que se está perdiendo.
Ay, lo que ya se ha *perdío*».
Sombra de los acebuches,
sombra del *eucaliptar*…
«Ay, lo que se fue y no vino.
Ay, lo que no vuelve más».
Pero siempre quedará
la carita de esa Virgen,
marismeña *resalá,*
y eso hace que no falte
aunque ya no sea igual.

El rosario del domingo
con los fuegos *encendíos.*
«Ay, lo que se está perdiendo.
Ay, lo que ya se ha *perdío*».
Cuando la Virgen salía
con la aurora al despuntar.
«Ay, lo que se fue y no vino.

Ay, lo que no vuelve más».
Pero siempre quedará
la carita de esa Virgen,
marismeña *resalá*,
y eso hace que no falte
aunque ya no sea igual.

El Anjolí de la copla
hecho de palos podríos.
«Ay, lo que se está perdiendo.
Ay, lo que ya se ha *perdío*».
La veleta de los tiempos
ya no señala *pa* atrás
«Ay, lo que se fue y no vino.
Ay, lo que no vuelve más».
Pero siempre quedará
la carita de esa Virgen,
marismeña *resalá*,
y eso hace que no falte
aunque ya no sea igual.

CAMINITO

Caminito, caminito,
que huele a pinar y a mar,
quiero hacerte despacito
para así vivirte más.
Los pinos cantan, las flores
con el romero perfuman,
y el sol con sus resplandores
va y dice: «No hay más que una:
Rocío de mis amores».

Yo te dije: «Aquí me quedo,
ni sigo ni vuelvo atrás,
paladeando el momento
que me sabe a eternidad».
Los pinos cantan, las flores
con el romero perfuman,
y el sol con sus resplandores
va y dice: «No hay más que una:
Rocío de mis amores».

Con las copas de los pinos
habla la brisa del mar
y en el cielo blanquecino
se ven cigüeñas volar.
Los pinos cantan, las flores
con el romero perfuman,
y el sol con sus resplandores
va y dice: «No hay más que una:
Rocío de mis amores».

Caminito, caminito...
Qué bien me sé a dónde vas:
donde la Blanca Paloma
se quiso un día posar.
Los pinos cantan, las flores

con el romero perfuman,
y el sol con sus resplandores
va y dice: «No hay más que una:
Rocío de mis amores».

AMORES SON COMO FLORES

En lo alto la rama
de un verde pino
fue como un mirlo blanco
nuestro cariño.
Na se ha *perdío,*
como no me quisiste,
otros amores he tenío,
porque amores son flores
y han *florecío.*

Se bambolea la rama
del limonero…
Tú me decías: «Te odio».
Después: «Te quiero».
Na se ha *perdío…*
Como no me quisiste,
otros amores he tenío,
porque amores son flores
y han *florecío.*

Debajo de un naranjo
los dos rompimos
en cachitos el tiempo
que nos quisimos.
Na se ha *perdío…*
Como no me quisiste,
otros amores he tenío,
porque amores son flores
y han *florecío.*

Mariposa veleta
de rama en rama
que no sabe estar quieta
con quien le ama.
Na se ha *perdío…*
Como no me quisiste,

otros amores he tenío,
porque amores son flores
y han *florecío.*

CAMPANITAS

Campanitas, tamboriles…
me están llamando.
El olor de los carriles
y el vientecillo de mayo.
Yo estoy lejos, sí, muy lejos
de aquel Rocío,
pero me llena el recuerdo;
quiero olvidar y no *olvío.*
La de la cara morena,
la que quise desde niño
y a la que conté mis penas
me está llamando y llamando
pa que me vaya a su vera.

Este año yo no puedo
ir al Rocío
y no encuentro más consuelo
que soñar que lo he *vivío.*
Sueño hileras de carretas,
campos *floríos*
y con la senda de arena
que, entre pinos, va al Rocío.
La de la cara morena,
la que quise desde niño
y a la que conté mis penas
me está llamando y llamando
pa que me vaya a su vera.

A la luna siempre en vela
le estoy llorando
que me faltan las candelas
de la noche de palacio.
Y amanezco con la aurora
y al alba huelo
el olor de la amapola que del trigal

traen los vientos.
La de la cara morena,
esa a quien quise de niño,
sabedora de mis penas…,
me está llamando y llamando
pa que no falte a su vera.

Pa que no falte mi salve
entre el gentío
reza por mi compañero
y dile que no he *podío.*
Si te acercas a su paso,
toca sus andas
y prométele en mi nombre
que jamás he de olvidarla.
La de la cara morena,
esa a quien quise de niño,
sabedora de mis penas…,
me está llamando y llamando
pa que no falte a su vera.

UNA HISTORIA DE NOVELA

Si te quiero o si te odio, me preguntas,
y hoy nada siento por ti,
que han pasado muchas cosas, por mi vida
desde que yo te perdí.
De lo nuestro, solo quedan
cuatro fotos, cinco cartas…
y una historia de novela.

A los jueces me llevaron, *callandito,*
yo nada les respondí.
Cómo iba yo a contarles, tantas cosas
de las que sabía de ti.
De lo nuestro, solo quedan
cuatro fotos, cinco cartas…
y una historia de novela.

Tus recuerdos son de humo, luminaria,
que hace tiempo se apagó,
y ahora le pides a otro que te ofrezca
lo que quise darte yo.
De lo nuestro, solo quedan
cuatro fotos, cinco cartas…
y una historia de novela.

Una historia como tantas que se rompen,
es lo que me digo yo,
donde nadie tiene culpa enteramente
y todos culpables son.
De lo nuestro solo quedan
cuatro fotos, cinco cartas
… una historia de novela.

TENGO YO UNOS PALILLOS

Tengo yo unos palillos
con cintas *colorás*
y son de granadillo
riá, riá, pitá.

Se van solos los pies
sin querer,
dan ganas de bailar
y bailar,
ole, con ole y olé
con el *riá pitá.*

Era alegre mi abuela
igual que un cascabel,
como unas castañuelas,
olé, olé y olé.

Se van solos los pies
sin querer,
dan ganas de bailar
y bailar,
ole, con ole y olé
con el *riá pitá.*

Sentá en el patinillo
se ponía a cantar
tocando sus palillos:
riá, riá, pitá.

Se van solos los pies
sin querer,
dan ganas de bailar
y bailar,
ole, con ole y olé
con el *riá pitá.*

Qué bien baila mi abuela
y qué requetebién
y en sus palillos lleva
la Sevilla de ayer.

En colaboración con Paulino González

TU CORRAL

¡Qué agua tan fresca tenía
el pozo de tu corral,
donde mi jaca bebía
cansada de galopar!
Ay, tu corral, tu corral,
que mira, niña, tu corral, tu corral,
que mira, mírame, ¡tu corral!,
donde pelamos la pava,
que nos vamos a casar.

Los cantos de los jilgueros,
las rosas de tu rosal;
los jazmines *pa* tu pelo;
la parra que sombra da.
Ay, tu corral, tu corral,
que mira, niña, tu corral, tu corral,
que mira, mírame, ¡tu corral!,
donde pelamos la pava,
que nos vamos a casar.

Y por las noches la luna
va a reflejarse en la pila;
y nadie puede mirarla;
si la mira se encandila.
Ay, tu corral, tu corral,
que mira, niña, tu corral, tu corral,
que mira, mírame, ¡tu corral!,
donde pelamos la pava,
que nos vamos a casar.

Los arriates con flores…
¡se las comió mi caballo!
Tú por las flores no llores,
que crecen muy pronto en mayo.
Ay, tu corral, tu corral,

que mira, niña, tu corral, tu corral,
que mira, mírame, ¡tu corral!,
donde pelamos la pava,
que nos vamos a casar.

EL ROCÍO QUE YO QUIERO

El Rocío que yo quiero
es blanco como la cal;
y sus calles son senderos:
hierba y arena a la par,
tierra de los rocieros,
toas sus casas *pal* jaleo
tienen porche y *enrramá*.
Casa *pa* cada hermandad
con corral *pa* las carretas
pa cuando al Rocío va,
con campanario y capilla
donde un *simpecao* brilla,
gloria de un pueblo cabal.
Y otras que no tienen *ná*,
un cielo de estrellas blancas
techo y cobijo le da,
y *pa* que el sol no las rindiera
quiso Dios que allí creciera
ese verde acebuchal.

El Rocío que yo quiero
también tiene un Anjolí.
Pa un arroyo casi seco
un puente hicieron allí,
álamo, mimbre y romero
tiene el puente más salero
que los del Guadalquivir.
Y también ese Anjolí
para mayo se engalana
y su madera es marfil
y sus árboles de plata
porque sabe que Triana
tiene que *entrá* por allí.
Y refresca el aire seco
y las caras sudorosas

de los cansados romeros,
y es que la Blanca Paloma
da en el Anjolí su premio
al que al Rocío se asoma.

El Rocío que yo quiero
tiene marisma y pinar,
un bello sol en el cielo,
tiene una noche *estrellá*
y un *eucaliptá* en sus medios
donde el viento marismeño
se hace brisa de la mar.
Nuestros pueblos *pa* rezar,
al llegar la primavera,
se vienen a su Real,
en donde, entre seis palmeras,
está la mujer primera
que quiso Dios coronar.
Y la gente que allí va,
caballista y cantaora,
to lo que tiene lo da,
y esta raza, dura y mora,
llora cuando su Señora
sale el *lune* a pasear.

Del Rocío que yo quiero
no se puede decir más,
que el Rocío es sentimiento
que dentro del alma va,
un cachito de alegría
que tiene la tierra mía
pa demostrar su verdad.
El Rocío es esto y más,
son palmas, compás y juerga,
alegría y hermandad,
tragá el polvo de la arena,
beber vino, *olviá* penas…

como si fuera soñar.
Meterse luego en la ermita,
vé a la gente de rodillas
que llegan hasta el altar
y entre polvo humos y vivas,
mirá a la que está allí arriba
y ante la verja rezar.

SIEMPRE TE REZO

Virgencita que guardas
mi cabecera,
¡carita de jazmín, ampárame!,
de la mano en la vida
siempre me llevas.
Siempre te rezo.
Carita de jazmín, ampárame,
que tu querer me tiene preso.

Tú que velas mi vía,
sabes mis sueños.
¡Carita de jazmín, ampárame!
Pon medios pa que un día
logre mi empeño.
Siempre te rezo.
Carita de jazmín, ampárame,
que tu querer me tiene preso.

Si mi tierra da frutos,
tú me la cuidas.
¡Carita de jazmín, ampárame!
Y me das cien por uno
sin que te pida.
Siempre te rezo…
Carita de jazmín, ampárame,
que tu querer me tiene preso.

Al final del camino,
sé que me esperas.
¡Carita de jazmín, ampárame!
Y quisiera llevarte
las manos llenas.
Siempre te rezo…
¡Carita de jazmín, ampárame,
que tu querer me tiene preso!

AL LLEGAR LA AURORA

Cuando llega mayo
a la tierra mía
cuando llega mayo,
toda Andalucía
vive y se prepara
pa su romería.
Viva nuestro orgullo
por siempre *invencío*,
del *to* lo deja
pa vení al Rocío.
Al llegar la aurora
suenan tamboriles
que el alba es la hora.
Vamos por carriles
pa ve a la Señora.

Carreta de plata
va abriendo la senda
verde *simpecao*
que su imagen lleva.
Se hace el camino
de cante y arena;
verdes son los pinos,
blancas las carretas.
Al llegar la aurora
suenan tamboriles
que el alba es la hora.
Vamos por carriles
pa ve a la Señora.

Va la caravana
de colores llena,
rompiendo el silencio
que en el campo reina.
Carretero amigo,

¿quién guía tus huellas?
La Blanca Paloma,
Virgen Marismeña.
Al llegar la aurora
suenan tamboriles
que el alba es la hora.
Vamos por carriles
pa ve a la Señora.

Qué tendrá el Rocío
que me hace quererlo.
Qué tendrá el Rocío.
Qué tendrá su gente,
que cuando lo pisa
se hace diferente.
Y es que es la marisma
del cielo, un espejo
y *to* el que la pisa
se convierte en bueno.
Al llegar la aurora
suenan tamboriles
que el alba es la hora.
Vamos por carriles
pa ve a la Señora.

YO NO SÉ REZAR

Yo no sé rezar,
a la Virgen yo no sé rezar.
Porque soy carretero de siempre,
yo no sé rezar;
pero sé arrodillarle mis bueyes
al *llegá* a su altar.
En mi boca un nombre,
y en el pecho mío
mi corazón va latiendo,
diciendo: «¡Viva el Rocío!».

Vieja y rota es,
mi guitarra vieja y rota es.
Pero toca que el *sentío* quita,
vieja y rota es,
al cantar a la Virgen en su ermita
mil coplas con fe.
En mi boca un nombre,
y en el pecho mío
mi corazón va latiendo,
diciendo: «¡Viva el Rocío!».

Yo la vi volar,
pal Rocío yo la vi volar.
Y en su pico un ramito de olivo,
yo la vi volar,
y a esa Blanca Paloma le pido
que nos dé la paz.
En mi boca un nombre,
y en el pecho mío
mi corazón va latiendo,
diciendo: «¡Viva el Rocío!».

Camino sin fin,
el Rocío es camino sin fin,

que termina en el cielo con Ella,
camino sin fin.
Al Rocío que hay tras las estrellas
yo quisiera ir.
Y en mi boca un nombre
y en el pecho mío
mi corazón va latiendo
diciendo: «¡Viva el Rocío!».

TIERRAS DE HUELVA

Vienen cortando el agua
tres carabelas,
soñando un mundo nuevo,
salen de Huelva.
Tierras de Huelva:
el Andévalo, la ría,
marisma, Condado y sierra.
¡Qué grande es la tierra mía,
qué me gusta a mí esta tierra!

Alosno tiene el cante,
la Palma el vino
y el Rocío la Reina
del peregrino.
Tierras de Huelva:
el Andévalo, la ría,
marisma, Condado y sierra.
¡Qué grande es la tierra mía,
qué me gusta a mí esta tierra!

De Ayamonte a Doñana
besan las olas
esa orilla huelvana
tan española.
Tierras de Huelva:
el Andévalo, la ría,
marisma, Condado y sierra.
¡Qué grande es la tierra mía,
qué me gusta a mí esta tierra!

Echa velas al viento.
Grande es tu cuna.
Ya te traerán los vientos
buena fortuna.
Tierras de Huelva:

el Andévalo, la ría,
marisma, Condado y sierra.
¡Qué grande es la tierra mía,
qué me gusta a mí esta tierra!

DAME OTRA OPORTUNIDAD

Buscando el agua verde, y olé,
salta la rana,
así mi corazón saltará
si tú me llamas.
Dame otra oportunidad.
La necesito de verás
Dame otra oportunidad
que nunca es tarde,
nunca es tarde
para volver a empezar.

Chisporrotean las llamas, y olé,
fuego en el campo.
Mi vida si no vuelves a mí
se irá apagando.
Dame otra oportunidad.
La necesito de verás
Dame otra oportunidad,
que nunca es tarde,
nunca es tarde
para volver a empezar.

Sobre la blanca arena, y olé,
rompen las olas,
voy a romperlo todo por ti
si me perdonas.
Dame otra oportunidad.
La necesito de verás
Dame otra oportunidad,
que nunca es tarde,
nunca es tarde
para volver a empezar.

Si el cántaro se llena, y olé,
canta la fuente…

Mi puerta siempre abierta estará
por si tú vuelves.
Dame otra oportunidad.
La necesito de verás
Dame otra oportunidad,
que nunca es tarde,
nunca es tarde
para volver a empezar.

SE TE CAYÓ EL PAÑUELO

Yo tengo tuyo un pañuelo
donde está preso tu aroma
y cada vez que lo huelo
me acuerdo de tu persona.
Se te cayó el pañuelo,
del suelo lo recogí,
y cada vez que lo huelo
me huele el pañuelo a ti.

¿Dónde anudaste la seda
de este pañolito blanco,
que lo huelo y se me queda
el pensamiento soñando?
Se te cayó el pañuelo,
del suelo lo recogí,
y cada vez que lo huelo
me huele el pañuelo a ti.

Yo no sé si fue queriendo
que el pañuelo tirarías
porque estabas presintiendo
que yo lo recogería.
Se te cayó el pañuelo,
del suelo lo recogí,
y cada vez que lo huelo
me huele el pañuelo a ti.

Como en pañuelo doblado,
yo guardo mis sentimientos
porque a nadie le he contado
que por ti me estoy muriendo.
Se te cayó el pañuelo,
del suelo lo recogí,
y cada vez que lo huelo
me huele el pañuelo a ti.

Perfumes. Son tus perfumes,
que llenan mi fantasía
y me suben a las nubes
soñando que ya eres mía.
Anda y toma tu pañuelo,
si tú quieres te lo cambio;
te lo cambio por el cielo
de un beso en tus rojos labios.
Se te cayó el pañuelo,
del suelo lo recogí,
y cada vez que lo huelo
me huele el pañuelo a ti.

JAZMINES VENDO

A un gitano que iba vendiendo
jazmines por las calles de Sevilla…

¡Vendo jazmines en moña!
¡Vendo jazmines en moña!…
Cómpremelo, señorita,
para cuando se componga.
Jazmines del parque, niña.
Jazmines que riega el río;
jazmín que doró la brisa.
Jazmines, niña, jazmines
del Parque de María Luisa.

Jazmincillo de los moros,
que lo plantó una gitana,
si los huelo me enamoro
de tu carita serrana.
Jazmines del parque, niña.
Jazmines que riega el río;
jazmín que doró la brisa.
Jazmines, niña, jazmines
del Parque de María Luisa.

Ponte un jazmín sevillano
entre tus labios de grana,
que te lo vende un gitano
que sabe que no lo amas.
Jazmines del parque, niña.
Jazmines que riega el río;
jazmín que doró la brisa.
Jazmines, niña, jazmines
del Parque de María Luisa.

Jazmines recién *cogíos*
de color blanco de cielo;
jazmines que riega el río
para que adornes tu pelo.
Jazmines del parque, niña.
Jazmines que riega el río;
jazmín que doró la brisa.
Jazmines, niña, jazmines
del Parque de María Luisa.

¿DÓNDE HAY MÁS BELLO JARDÍN?

Marisma, rincón de Huelva,
pastos de Hinojos y Almonte,
verde el pinar, blanco el cielo,
la ermita en el horizonte.
¿Dónde hay más bello jardín
que esta marisma del río
Guadalquivir?

Marisma, de arroz y río,
con la que Sevilla sueña
que sabe la fe de Coria
y las coplas de la Puebla.
Que no hay más bello jardín
que esta marisma del río
Guadalquivir.

Marisma que besa Cádiz
en las tierras de Sanlúcar.
¡Cuánta fe caminando
por las blanquecinas dunas!
¿Dónde hay más bello jardín
que en la marisma del río
Guadalquivir?

Marisma que en el Rocío
tiene en la ermita su Reina,
Reina de los rocieros,
de Cádiz, Sevilla y Huelva.
Y en el mundo no hay jardín,
más bello que esta marisma
del río Guadalquivir.

UN BARCO SALIÓ *PA* CUBA

En Sevilla hay una niña
que tiene los ojos tristes
por culpa de un desengaño

Él le hablaba cada tarde
en la reja de su patio.
Y ella, haciéndose ilusiones ,
las sabanitas bordando.

Un barco salió *pa* Cuba
y él dijo: «*Pa* hacer fortuna
el ancho mar cruzaré.
Espérame hasta que vuelva
Espera, que volveré».

¡Ay, aromas de La Habana,
de caña, ron y tabaco!

De aquella casa Sevilla,
de la reja y de aquel patio,
de sus promesas de amores,
sin querer se fue olvidando.

Un barco salió *pa* Cuba
y él dijo: «*Pa* hacer fortuna
el ancho mar cruzaré.
Espérame hasta que vuelva
Espera, que volveré».
Llora la fuente en el patio
de la casa sevillana.

Por el río van y vienen
barquitos de velas blancas
cruzando la mar, llevando
cartas de un amor que aguarda,

pero de vuelta no vienen
trayendo a Sevilla cartas.

Un barco salió *pa* Cuba
y él dijo: «*Pa* hacer fortuna
el ancho mar cruzaré.
Espérame hasta que vuelva
Espera, que volveré».

¡Ay!, del que se fue y no vino.
¡Ay!, de la que está esperando.

La que bordaba ilusiones
hoy borda rosas de llanto
y tiene los ojos tristes,
tristes por un desengaño.

Un barco salió *pa* Cuba
y él dijo: «*Pa* hacer fortuna
el ancho mar cruzaré.
Espérame hasta que vuelva
Espera, que volveré».

COPLILLAS DE LA FUENTE

En este pueblo no hay fuente
porque el alcalde no quiere;
quien quiera agua vaya al río
donde lavan las mujeres.
Ay, señor *alcaldé*,
que *lejo* está *pa bebé*,
qué *lejo* que está el río,
háganos la fuente *usté*,
que el pueblo ya lo ha *pedío*.

Está el alcalde pensando
muchas consideraciones,
que por poca cosa empiezan
siempre las revoluciones.

Ay, señor *alcaldé*,
qué *lejo* está *pa bebé*,
qué *lejo* que está el río,
háganos la fuente *usté*,
que el pueblo ya lo ha *pedío*.

Un burro con *jangarillas*,
cargado de damajuanas,
viene vendiendo a peseta
las seis arrobas de agua.

Ay, señor *alcaldé*,
qué *lejo* está *pa bebé*,
qué *lejo* que está el río,
háganos la fuente *usté*,
que el pueblo ya lo ha *pedío*.

Para la Virgen del Carmen
hubo fuente con tres caños.
¡Viva este alcalde que sabe
que el progreso no hace daño!

Ay, señor *alcaldé*,
qué *lejo* está *pa bebé*,
qué *lejo* que está el río,
háganos la fuente *usté*,
que el pueblo ya lo ha *pedío*.

QUISIERA VIVIR EN LO ALTO

Quisiera *viví* en lo alto
porque allí nadie se sube.
Quisiera *viví* en el cielo.
Quisiera *viví* en las nubes.
Y allí poder olvidar
que este mundo es un infierno
y aquí no me quedo más.

Y pondría una escalera
desde la tierra hasta el cielo
para las cosillas buenas,
para los amigos buenos.
Y allí poder olvidar
que este mundo es un infierno
y aquí no me quedo más.

Si te digo que te vengas,
por favor tú no lo dudes.
Deja a la gente en la tierra,
vente conmigo a las nubes.
Y allí poder olvidar
que este mundo es un infierno
y aquí no me quedo más.

Y que se quede la tierra
dando vueltas como siempre
con el hambre y con la guerra,
que eso a mí no me divierte.
Y allí poder olvidar,
que este mundo es un infierno
y aquí no me quedo más.

NADA NI NADIE

Esta mañana he vuelto a recordar
el tiempo en que he vivido junto a ti.
Y en mi guitarra han vuelto a resonar
canciones que por ti solo escribí.
Ya nada ni nadie
volverá a traer
el tiempo que un día de las manos
se nos fue.

Estaba triste y he pensado en ti
que un día fuiste mi gran amor.
A enamorarme ya no he vuelto más,
quizás contigo mi amor se acabó.
Ya nada ni nadie
volverá a traer
el tiempo que un día de las manos
se nos fue.

Salgamos juntos para recordar,
volvamos a los sitios de ayer.
Aunque ya nada pueda ser igual,
soñemos que el amor no se fue.
Ya nada ni nadie
volverá a traer
el tiempo que un día de las manos
se nos fue.

Esta es la historia triste del amor
que yo te tuve y tú a veces también ,
que me ha dejado herido el corazón
de lo que pudo haber sido y no fue.
Ya nada ni nadie
volverá a traer
el tiempo que un día de las manos
se nos fue.

HINOJOS MARISMEÑO

Hinojos marismeño,
vergel de pinos,
tú eres el pueblo dueño
de estos caminos,
parada, vado y sueño
de peregrinos.
Y tus pinares
son como un templo,
columnas que sostienen
el firmamento.

Que no eres Aljarafe
ni eres Condado,
que eres de la marisma
llave y candado,
cancela siempre abierta,
pozo colmado.
Y tus pinares
son como un templo,
columnas que sostienen
el firmamento.

Camino que atraviesan
las hermandades,
caminito que sueñan
dunas y mares
por ese laberinto
de tus pinares.
Y tus pinares
son como un templo,
columnas que sostienen
el firmamento.

Tu tierra me dio el aire
con que respiro

y tu gente la sangre
con la que vivo
y que al morir tu suelo
noble y altivo
para mi sueño eterno
me dé cobijo.

Y tus pinares…

LA VIRGEN Y EL NIÑO

Al pastorcito divino
le están domando un potrillo
que quiere echarle la silla
pa cuando llegue el Rocío.

La Virgen, que es Madre buena,
le saca la chaquetilla,
el sombrero y los zahones,
las botas y la camisa.

A la Virgen del Rocío
le gustan las sevillanas,
pero como lleva al Niño
no puede tocar las palmas.

Y el Niño, que se dio cuenta,
le dijo que lo soltara:
«Déjame *jugá* un ratito
mientras tú tocas las palmas».
Toas las mañanas a la Virgen
va a visitarla un jilguero,
que le lleva margaritas
para que se adorne el pelo.

Y viéndola tan bonita
antes de *marchá* a su rama
le dice: «Qué guapa eres.
Madre mía, hasta mañana».

PINTADO EN LA PARED

Tu nombre junto al mío
pintado en la pared,
que un día nos quisimos,
hoy se puede leer, pintado en la pared.
Tú quieres que lo borre
y no lo borraré.
Tu nombre junto al mío,
pintado en la pared.

Un corazón con flecha
y una fecha después, pintado en la pared.
Si el tiempo no lo borra,
yo no lo borraré.
Tú quieres que lo borre
y no lo borraré.
Tu nombre junto al mío,
pintado en la pared.

Y ahora que no tenemos
tú y yo nada que ver, pintado en la pared,
la gente se pregunta:
«Pero ¿aquello qué fue?».
Tú quieres que lo borre
y no lo borraré.
Tu nombre junto al mío,
pintado en la pared.

Y, aunque todo lo vuelva,
el tiempo del revés, pintado en la pared,
quiero que el mundo sepa
lo mucho que te amé.
Tú quieres que lo borre
y no lo borraré.
Tu nombre junto al mío,
pintado en la pared.

CADA CAMINO TIENE UNA FLOR

Cada camino tiene una flor
para la Blanca Paloma,
cada flor tiene distinto olor
pa regalarle su aroma.
Y yo que no tengo *ná*,
por Ti me quito el sombrero, Rocío,
cuando te veo pasar.

El tamboril tiene una oración
y el carretero un piropo.
Los bueyes tienen fuerza y valor,
que *pa* su Virgen *to* es poco.
Y yo que no tengo *ná*,
por Ti me quito el sombrero,
cuando te veo pasar.

Cada guitarra tiene un cantar,
cada poeta un *quejío.*
Cada promesa que se echa andar
lleva un suspiro *prendío.*
Y yo que no tengo *ná*,
por Ti me quito el sombrero, Rocío,
cuando te veo pasar.

Cada medalla tiene una fe
y un sentimiento *escondío*:
camino largo solo por ver
a la Virgen del Rocío.
Y yo que no tengo *ná*,
por Ti me quito el sombrero, Rocío,
cuando te veo pasar.

PELIGRO

Yo estoy viviendo el peligro
de tus labios en mis labios,
y estoy sufriendo el martirio
de a nadie poder contarlo,
y callar lo que quisiera
ir por las calles gritando.
Yo voy a verte de noche
y rezo *pa* que se apaguen
estrellas, luna y luceros,
que estoy viviendo el peligro
de que sepan que te quiero.

Que yo me di en juramento
hace tiempo a otra persona
y no quiero que ella sepa
que tus labios me enamoran
y que me embriagan los vientos
que transportan tus aromas.
Yo voy a verte de noche
y rezo *pa* que se apaguen
estrellas, luna y luceros,
que estoy viviendo el peligro
de que sepan que te quiero.

No se sonroje tu cara
si te veo a luz del día.
Si te hablo disimula
y di cualquier tontería
para que nadie se entere
de lo nuestro, vida mía.
Yo voy a verte de noche
y rezo *pa* que se apaguen
estrellas, luna y luceros,
que estoy viviendo el peligro
de que sepan que te quiero.

Vivir, sin vivir contigo
es presidio y es condena,
porque el amor quiere alas
y volar tan alto pueda,
y nuestro amor está preso
y cargado de cadenas.
Yo voy a verte de noche
y rezo *pa* que se apaguen
estrellas, luna y luceros,
que estoy viviendo el peligro
de que sepan que te quiero.

MAR AZUL

De noche voy a la playa
porque las olas no duermen,
que traen recuerdos de amores
de los que no pueden verse.
Mar azul si vas a la otra orilla
donde vive mi estrella,
dile que, aunque me olvide,
yo pienso en ella.

Las olas son mensajeras
de los amores lejanos.
Y en su espuma blanquecina
mil besos van navegando.
Mar azul si vas a la otra orilla
donde vive mi estrella,
dile que, aunque me olvide,
yo pienso en ella.

La luna pintó de plata
sobre la mar un camino,
porque le ha dicho la arena
que sin tu nombre no vivo.
Mar azul si vas a la otra orilla
donde vive mi estrella,
dile que, aunque me olvide,
yo pienso en ella.

Tu nombre puse en la arena
y lo aprendió la marea.
Las conchas y caracolas
con tu nombre juguetean.
Mar azul si vas a la otra orilla
donde vive mi estrella,
dile que, aunque me olvide,
yo pienso en ella.

ESTOY BUSCANDO UN QUERER

Estoy buscando un querer
que tenga los ojos verdes
para morirme por él,
para con él yo perderme.
Dónde podré yo encontrar
querer que quiera quererme
y tenga verde mirar.

Desde las altas montañas
a la orilla de los mares
verdes con negras pestañas
que me quieran más que a nadie.
Dónde podré yo encontrar
querer que quiera quererme
y tenga verde mirar.

Yo busco unos ojos verdes
en una cara morena.
Verdes que me den la muerte,
verdes que quiten las penas.
Dónde podré yo encontrar
querer que quiera quererme
y tenga verde mirar.

Ojillos verdes de amores
donde no quepan los celos;
yo no quiero otros colores,
tan solo verdes los quiero.
Dónde podré yo encontrar
querer que quiera quererme
y tenga verde mirar.

QUIÉN ME GUIO

En mi barca iba yo
y en tus mares azules naufragué…
En mi barca iba yo
porque siempre busqué la libertad,
y mi barca encalló.
No sé quién me guio
hasta las rubias arenas de tu piel,
donde mi barca encalló.

De tus labios bebí
y me quedé a la sombra de tu amor…
De tus labios bebí,
y fue tu risa mi mejor canción.
Y me hiciste feliz.
No sé quién me guio
hasta las rubias arenas de tu piel,
donde mi barca encalló.

No hay camino en el mar,
ni rumbo que no me lleve hacia ti…
No hay camino en el mar…
Que los mares azules me perdí
de tu dulce mirar.
No sé quién me guio
hasta las rubias arenas de tu piel,
donde mi barca encalló.

A tu playa llegué,
que el brillo de tu estrella me cegó…
A tu playa llegué,
rompió tu viento velas y timón
y yo me enamoré.
No sé quién me guió
hasta las rubias arenas de tu piel,
donde mi barca encalló.

MI CABALLO BAYO

El almanaque señala
que el Rocío cae en mayo.
¡Ay, qué caló, qué caló!
Y por más *caló* que haga
yo me voy en mi caballo.
Yo me voy en mi caballo bayo,
¡ay, qué caló, qué caló!
¡Que mira, niña, mayo ya llegó!
Y ligero como un rayo
al Rocío llego yo.

Y a la mitad del camino
me robaron el caballo.
¡Ay, qué caló, qué caló!
Unos dicen que un gitano
y otros dicen que fue un payo.
Yo me voy en mi caballo bayo,
¡ay, qué caló, qué caló!
¡Que mira, niña, mayo ya llegó!
Y ligero como un rayo
al Rocío llego yo.

Si el caballo no lo hallo
qué le digo a mi morena.
¡Ay, qué caló, qué caló!,
que en vez de *montá* en un rayo
va andando por las arenas.
Yo me voy en mi caballo bayo,
¡ay, qué caló, qué caló!
¡Que mira, niña, mayo ya llegó!
Y ligero como un rayo
al Rocío llego yo.

La cosa no tiene fallo
que *pa* andar por las arenas,
¡ay, qué caló, qué caló!
Si te quedas sin caballo
te quedaste sin morena.
Yo me voy en mi caballo bayo,
¡ay, qué caló, qué caló!
¡Que mira, niña, mayo ya llegó!
Y ligero como un rayo
al Rocío llego yo.

SEVILLA ME HABLA DE TI

Hoy viene la primavera,
trae tu recuerdo;
y tu recuerdo es Sevilla,
Giralda, plaza, torre y albero.
Hoy viene la primavera,
hoy por ti muero.
Sevilla me habla de ti,
pero tú no estás,
tú no estás aquí
y en el recuerdo *callao*
mi amor se muere en abril.

Hoy abro el libro *cerrao*
de nuestra historia...
Y nuestra la historia la saben
Giralda y plaza, torre y albero.
Hoy abro el libro cerrado,
hoy por ti muero.
Sevilla me habla de ti,
pero tú no estás,
tú no estás aquí
y en el recuerdo callado
mi amor se muere en abril.

Hoy voy aquella plazuela
de nuestros sueños
De nuestros sueños testigos
Giralda y plaza, torre y albero.
Hoy voy a aquella plazuela,
hoy por ti muero.
Sevilla me habla de ti,
pero tú no estás,
tú no estás aquí,
y en el recuerdo callado
mi amor se muere en abril.

Hoy me ha traído tu ausencia
Sevilla entera…
Sevilla, que nos vio amarnos,
Giralda y plaza, torre y albero.
Hoy me ha traído tu ausencia,
hoy por ti muero.
Sevilla me habla de ti,
pero tú no estás,
tú no estás aquí
y en el recuerdo callado
mi amor se muere en abril.

ISABEL

Me juras el querer, Isabel,
y con otro te vas.
Y me dices después, Isabel,
que ya no la harás más.
Primero me das una de cal,
otra de arena me das después.
No sé qué pensar,
si estás loca por mí, Isabel,
o me vas a dejar.

Si es cosa de mujer, Isabel,
ser veleta y cambiar,
no juegues con mi amor, Isabel,
que te vas a quemar.
Primero me das una de cal,
otra de arena me das después.
No sé qué pensar,
si estás loca por mí, Isabel,
o me vas a dejar.

Tú me paras los pies, Isabel,
si te voy a besar,
pero quieres que esté, Isabel,
a tu vera *na* más.
Primero me das una de cal,
otra de arena me das después.
No sé qué pensar,
si estás loca por mí, Isabel,
o me vas a dejar.

LA CRUZ DE MAYO

En mi pueblo una banda de música
hizo el barbero,
el sacristán, el sastre, el alguacil
y el herrero,
pa tocá la diana y *despertá*
al pueblo entero.
Que viva la santa cruz,
¡*levantaros* ya, cruceros!
Vámono al campo a *cogé*
para nuestra cruz, romero.

Y al pinar por romero va el pueblo
muy tempranito
con carretas, caballos, tartanas,
mulos, borricos…
Y la banda tocando:
«Vamos por el romerito».
Que viva la santa cruz,
¡*levantaros* ya, cruceros!
Vámono al campo a *cogé*
para nuestra cruz, romero.

Con bombillas, mantones, pilistras
y cadenetas,
está la cruz *floría* con garbo
en la plaza puesta
porque hoy es tres de mayo
y se celebra su fiesta.
Que viva la santa cruz,
¡*levantaros* ya, cruceros!
Vámono al campo a *cogé*
para nuestra cruz, romero.
Suena alegre la banda y se alegra
la cruz de mayo…

Y se vieron *bailá* hasta las viejas
llenas de callos.
Y cantamos todos hasta el alba…
¡como los gallos!
Que viva la santa cruz,
¡*levantaros* ya, cruceros!
Vámono al campo a *cogé*
para nuestra cruz, romero.

HAZTE DUEÑA DE TU PUEBLO

Reina de las marismas, dueña mía,
no tengas celos,
que el corazón de Almonte
es tuyo entero.
Y cuando la noche acabe
y el sol levante tu velo, entra
por arcos triunfales y
hazte dueña de tu pueblo.

Tú eres un lirio blanco, dueña mía,
lleno de aroma,
quiero plantarte dentro
de mi persona.
Y cuando la noche acabe
y el sol levante tu velo, entra
por arcos triunfales
y hazte dueña de tu pueblo.

Sé dueña hasta la raya
del horizonte,
donde dunas y playas
nombran tu nombre.
Y cuando la noche acabe
y el sol levante tu velo,
entra por arcos triunfales
y hazte dueña de tu pueblo.

Te despedí llorando, dueña mía,
desde mi puerta.
No esperes siete años, dueña mía,
para tu vuelta.
Y cuando la noche acabe
y el sol levante tu velo,
entra por arcos triunfales
y hazte dueña de tu pueblo.

SALVE, SEÑORA

Salve, Señora,
salve de los que caminan.

En tus manos mi destino,
dame fuerza en mi camino,
y ayúdame a todas horas.
Soy de tu amor peregrino.
Salve, Señora.

Si tu carita morena
da alegría y quita penas
y eres nuestra mediadora
qué importa el sol y la arena.
Salve, Señora.

Con tu nombre sé rezar
y estoy esperando el cielo
agarrao a tu varal.
Salve de los que caminan,
que nadie te quiere más.
Salve, Señora.
Salve de los que te llevan.

Solo rezo con tu nombre
y mi corazón de hombre
es niño que ante Ti llora
y con tu manto se esconde.
Salve, Señora.

Ni fatigas ni sudores
te pagan tantos favores,
a este pueblo que implora
y a tu paso echa sus flores.
Salve, Señora.

Con tu nombre sé rezar
y estoy esperando el cielo
agarrao a tu varal.
Salve de los que te llevan,
que nadie te quiere más.

Salve, Señora.
Salve de tu pueblo amante…

Carretas y *simpecaos*
hasta tu ermita han *llegao*
con una fe soñadora
de un camino *afortunao.*
Salve, Señora.

Esa es la fe de mi gente,
que no explica lo que siente,
pero que en tu verja implora.
Salva a tu gente valiente.
Salve, Señora.

Con tu nombre sé rezar
y estoy esperando el cielo
agarrao a tu varal.
Salve de tu pueblo amante,
que nadie te quiere más.
Salve, Señora.
Salve por los que se fueron.

Aún estaría a mi *lao,*
presentando el *simpecao*
o llevándote en la aurora,
pero al cielo lo has *llamao.*
Salve, Señora.
Y lo mismo que él haría
rezo la salve este día,
con la ilusión de que ahora

conmigo la rezaría.
Salve, Señora.
Con tu nombre sé rezar
y estoy esperando el cielo
agarrao a tu varal.
Salve por los que se fueron,
que nadie te quiso más.

PASTORA DE LAS MARISMAS

Aunque no lleves corona,
Tú sigues siendo la reina,
que te coronan de flores
siete años de impaciencia.
Con corona o con sombrero,
pa mí eres siempre la misma,
y te rezo en el sendero,
pastora de las marismas.

Ya el trigo dejó la era
y ya maduran las viñas
y en Almonte el sol quisiera
ver tu carita de niña.
Con corona o con sombrero,
pa mí eres siempre la misma,
y te rezo en el sendero,
pastora de las marismas.

Aunque no lleves estrellas
ni media luna a tus plantas,
ahí tienes a un pueblo entero
que quiere llevar tus andas.
Con corona o con sombrero,
pa mí eres siempre la misma,
y te rezo en el sendero,
pastora de las marismas.

Desde el último camino
siete años de mi *vía*,
siete coplas, siete sueños
y una promesa *cumplía*.
Con corona o con sombrero,
pa mí eres siempre la misma,
y te rezo en el sendero,
pastora de las marismas.

YO LA VI, LA MIRÉ Y ME *JIRIÓ*

La que fuera mi ilusión
yo me la encontré un buen día,
yo la vi, la miré y me *jirió*,
bendito día.
Con su carita de flor
tenía el alma ¡tan fría!
Yo la vi, la miré y me *jirió*.
¡Qué alma tan fría!
Yo la vi, la miré y me *jirió*,
la seguí, la adoré y me adoró.
¡Ay, corazón, qué frágil fue su amor!
Y a la primera de vueltas
mi corazón traicionó.

Rosa de tan buen olor
que me clavó sus espinas,
yo la vi, la miré y me *jirió*.
¡Cuántas espinas!
Mariposa que a una flor
igual se va que se arrima,
yo la vi, la miré y me *jirió*,
se va y se arrima.
Yo la vi, la miré y me hirió,
la seguí, la adoré y me adoró.
¡Ay, corazón, qué frágil fue su amor!
Y a la primera de vueltas
mi corazón traicionó.

Quién fue el que se le cruzó,
que me la robó un buen día.
Yo la vi, la miré y me *jirió*,
¡maldito día!
Veleta que se cambió
por otros vientos movía.
Yo la vi, la miré y me *jirió*,

¡que la movían!
Yo la vi, la miré y me hirió,
la seguí, la adoré y me adoró.
¡Ay, corazón, qué frágil fue su amor!
Y a la primera de vueltas
mi corazón traicionó.

De aquel tiempo que pasó
no hay quien cure mis *herías.*
Yo la vi, la miré y me *jirió.*
¡Cuántas *herías*!
Heridas que aún llevo yo
de una batalla *perdía.*
Yo la vi, la miré y me *jirió,*
¡que está *perdía*!
Yo la vi, la miré y me hirió,
la seguí, la adoré y me adoró.
¡Ay, corazón, qué frágil fue su amor!
Y a la primera de vueltas
mi corazón traicionó.

HE VUELTO A MI CIUDAD

Para encontrar el amor verdadero,
verdadero...
Yo a lo más alto subí,
a lo más hondo bajé
y a lo más lejos me fui,
pero el amor lo encontré
cuando de nuevo te vi.
Después de tantos años
he vuelto a mi ciudad
y me he vuelto a encontrar
a aquel amor primero
que no pude olvidar.

Me equivoqué en el amor tantas veces,
tantas veces...
De lo alto me caí,
en lo hondo me ahogué
y en lo lejos me perdí;
tan solo acerté una vez
que fue queriéndote a ti.
Después de tantos años
he vuelto a mi ciudad
y me he vuelto a encontrar
a aquel amor primero
que no pude olvidar.

Dicen que el primer amor no se olvida,
no se olvida.
Yo a lo más alto subí,
a lo más hondo bajé
y a lo más lejos me fui
y aquel amor no olvidé,
que estaba dentro de mí.
Después de tantos años
he vuelto a mi ciudad

y me he vuelto a encontrar
a aquel amor primero
que no pude olvidar.

Y ahora me tiene tu amor prisionero,
prisionero.
Y ya no quiero subir,
tampoco quiero bajar,
ni a ninguna parte ir,
porque todo me da igual
si tú *está* cerca de mí.

DEBAJO DE UN LIMONERO

Me paso el día soñando
debajo de un limonero
y a los limones les cuento
cómo es la niña que quiero.

Tiene la carita por el sol
morena como la arenita de la mar,
y los ojitos tan claros,
que yo la quiero y la quiero,
sin ella yo no me hallo.

No hay sirena de los mares
ni de los cielos estrella
que con mi amor se compare
o me guste más que ella.

Tiene la carita por el sol
morena como la arenita de la mar,
y los ojitos tan claros,
que yo la quiero y la quiero,
sin ella yo no me hallo.

No hay sueño en que no me encuentre,
sus ojos verdes y tiernos,
y es que la quiero *dormío,*
igual que si estoy despierto.

Tiene la carita por el sol
morena como la arenita de la mar,
y los ojitos tan claros,
que yo la quiero y la quiero,
sin ella yo no me hallo.

Me paso el día soñando
y vivo como un ausente;

mirad que yo vivo amando,
que nadie a mí me despierte.

Tiene la carita por el sol
morena como la arenita de la mar,
y los ojitos tan claros,
que yo la quiero y la quiero,
sin ella yo no me hallo.

CAPRICHOSA

Aunque yo te quiero, eres
caprichosa, caprichosa.
Por culpa de tus quereres
me has hecho hacer mal las cosas.
Caprichosa, caprichosa…
Aunque seas tan hermosa
has matado mi querer;
nuestro amor es una rosa
que el perfume se le fue.

Quieres dulces los limones
y sin espinas las rosas;
que los negros nubarrones
hagan la mañana hermosa.
Caprichosa, caprichosa…
Aunque seas tan hermosa
has matado mi querer;
nuestro amor es una rosa
que el perfume se le fue.

Porque te quise, he querido
sobre todo complacerte,
pero mientras más te ofrezco,
más caprichosa te vuelves.
Caprichosa, caprichosa…
Aunque seas tan hermosa
has matado mi querer;
nuestro amor es una rosa
que el perfume se le fue.

Como todo en esta vida
tiene un límite la cosa,
y siempre llega la gota
que llena el vaso y rebosa.

Caprichosa, caprichosa…
Aunque seas tan hermosa
has matado mi querer;
nuestro amor es una rosa
que el perfume se le fue.

FLORES EN UN MISMO RAMO

Una morita bonita
de los campos de la fresa
se viene andando a la ermita
y allí a la Virgen le reza.
¡Ay, quién pudiera juntar
flores en un mismo ramo!
Y que en el mundo haya paz,
creamos lo que creamos.

¿Por qué llevas tú, María,
la media luna a tus plantas?
Creí que solo era mía
la media luna de Arabia.
¡Ay, quién pudiera juntar
flores en un mismo ramo!
Y que en el mundo haya paz,
creamos lo que creamos.

¿Por qué mi pañuelo blanco
a tanta gente le pesa
si en Nazaret tú llevabas
un pañuelo en la cabeza?
¡Ay, quién pudiera juntar
flores en un mismo ramo!
Y que en el mundo haya paz,
creamos lo que creamos.

Tu camino y mi camino
hasta el mismo sitio llegan.
Tu color y mis colores
forman la misma bandera.
¡Ay, quién pudiera juntar
flores en un mismo ramo!
Y que en el mundo haya paz,
creamos lo que creamos.

FAROLITA DE TU CALLE

Farolita de tu calle,
que era la luz de mis días,
cuando al caer de la tarde
contigo allí me veía.

Contigo allí me veía
Farolita de tu calle,
que tanto nuestro alumbró,
y hoy solo alumbra el vacío
que tu ausencia me dejó.

Ay, caminito *empedrao,*
que ahora recorro a solas
porque tú ya no me esperas
a la luz de la luz de la farola.

A la luz de la farola…
Farolita de tu calle,
que tanto nuestro alumbró,
y hoy solo alumbra el vacío
que tu ausencia me dejó.

Cuando te fuiste apagaste
la llama que me encendía
y me *dejastes* a oscuras
como a una casa vacía.

Como a una casa vacía
Farolita de tu calle…,
que tanto nuestro alumbró,
y hoy solo alumbra el vacío
que tu ausencia me dejó.

Ay, calle del desengaño,
esquinas que nos citaban…

Aún puede escucharse el eco
de tantas promesas falsas.

De tantas promesas falsas…
Y a luz de esa farola
que *to* lo nuestro alumbró,
suspiro porque volviera
a oír el eco de tu voz.

ARBOLEIYA VERDE

Arboleiya verde
de mi soledad...
Mi corazón valiente
hoy quiere llorar.
Qué dolores hay
que solo estando solo
se pueden llorar,
en la verde arboleda
de la soledad.

Un nombre y unos labios
que dijeron no
en mi alma causaron
secreto dolor.
Qué dolores hay
que solo estando solo
se pueden llorar,
en la verde arboleda
de la soledad.

Pajarillos del aire
echarse a volar,
que no quiero que nadie
me vea llorar.
Qué lágrimas hay
que solo estando solo
se pueden llorar,
en la verde arboleda
de la soledad.
Arboleiya verde

para irse a soñar...
Soñar el imposible
de que volverás.

Qué dolores hay
que solo estando solo
se pueden llorar,
en la verde arboleda
de la soledad.

SENDERITO DEL RÍO

Senderito del río
que al mar me lleva
hasta el mar de Sanlúcar
de Barrameda.

Tanto te quiero, cariño,
¡tanto te anhelo!
Tus labios besé y he muerto…
Y ahora te voy buscando, cariño,
de puerto en puerto.

Pregunté por las playas
de Chipiona
y norte no me daban
de tu persona.

Tanto te quiero, cariño,
¡tanto te anhelo!
Tus labios besé y he muerto…
Y ahora te voy buscando, cariño,
de puerto en puerto.

Yo recalé en el Puerto,
pregunté en *Cadí*:
«¿Dónde tus ojos negros
que otros no hay?».

Tanto te quiero, cariño,
¡tanto te anhelo!
Tus labios besé y he muerto…
Y ahora te voy buscando, cariño,
de puerto en puerto.

Bahía de Algeciras,
mar de Barbate…

Si no te encuentro viva
que el mar me mate.

Tanto te quiero, cariño,
¡tanto te anhelo!
Tus labios besé y he muerto…
Y ahora te voy buscando, cariño,
de puerto en puerto.

HAY UN NOMBRE DE MUJER

Dolores, tus ojos negros
me están causando dolor;
el que Dolores te ha puesto
qué cierto te bautizó.
Hay un nombre de mujer
para cada sentimiento,
hay un nombre de mujer
como en la vida hay momentos
de ganar o de perder.

Consuelo del duelo mío,
¿de qué me consolarás?
De esos otros labios fríos
que no me quieren besar.
Hay un nombre de mujer…
para cada sentimiento,
hay un nombre de mujer
como en la vida hay momentos
de ganar o de perder.

Refugio de mis tormentas,
Sagrario de mi oración,
y de mis noches desiertas
Aurora que anuncia el sol.
Hay un nombre de mujer...
para cada sentimiento,
hay un nombre de mujer
como en la vida hay momentos
de ganar o de perder.

Amparo, mi dulce Amparo,
contigo yo soy feliz,
que tus ojos son los rayos
del día en que yo nací.
Hay un nombre de mujer...

para cada sentimiento,
hay un nombre de mujer
como en la vida hay momentos
de ganar o de perder.

CARTAS DE AMORES

Abre la puerta, niña,
viene el cartero,
a traerte la carta
de un marinero.
Cartas de amores
que de la ausencia
curan la herida,
cartas de un marinero
que no te olvida.

Marinerito blanco
que sirve a España
y rinde su bandera
por tus pestañas.
Cartas de amores
que de la ausencia
curan la herida,
cartas de un marinero
que no te olvida.

Su carta sueña un vuelo
de gaviotas
y antes de que la leas
llegará otra.
Cartas de amores
que de la ausencia
curan la herida,
cartas de un marinero
que no te olvida.

Perdónale las faltas
y los borrones
porque te escribe ciego,
ciego de amores.
Cartas de amores

que de la ausencia
curan la herida,
cartas de un marinero
que no te olvida.

COMO UNA ROSA

Fuiste mi niña amada
como una rosa
que espinas ocultaba
bajo sus hojas.
Rosal *florío…*
Yo solo quise olerte
y me has *herío.*

Más roja que la sangre
de mi bandera,
rosa de media tarde,
flor de mis penas.
Rosal *florío…*
Yo solo quise olerte
y me has *herío.*

Dulce tallo amoroso
lleno de espinas,
lo mismo me das gozo
que me lastimas.
Rosal *florío…*
Yo solo quise olerte
y me has *herío.*

Del jardín de mi vida
rosa galana;
mi alma no te olvida
porque te ama.
Rosal *florío…*
Yo solo quise olerte
y me has *herío.*

DAME TUS ESPINAS

Rosa, si tú quieres,
dame tus espinas,
que tus mismas hieles
son mi medicina.
Vivir sin ti no es vivir
y por eso mejor quiero
callarlo y todo y sufrir
e imaginarme que eres
toda entera para mí.

En la madrugada
yo seguí sus pasos
y mis ojos vieron,
mis labios callaron.
Vivir sin ti no es vivir
y por eso mejor quiero
callarlo y todo y sufrir
e imaginarme que eres
toda entera para mí.

Yo temo el vacío
de tus ojos grandes,
que falte a los míos
tus labios culpables.
Vivir sin ti no es vivir
y por eso mejor quiero
callarlo y todo y sufrir
e imaginarme que eres
toda entera para mí.

Cuantas veces me odio
por verme cobarde.
¡De este laberinto
quién vendrá salvarme!
Vivir sin ti no es vivir

y por eso mejor quiero
callarlo y todo y sufrir
e imaginarme que eres
toda entera para mí.

ROSITA SOTOMAYOR

¿Quién se llama en esta calle
Rosita Sotomayor?
Que vengo a traerle un ramo
de clavellinas en flor.
Su novio la quiere tanto
que un ramillete cortó,
y en el día de su santo
se lo manda con amor.

Llame usted a la puerta aquella,
pregunte en el corredor,
que es una niña morena
de ojos del mismo color.
Su novio la quiere tanto
que un ramillete cortó,
y en el día de su santo
se lo manda con amor.

No hay rosa como mi Rosa,
su novio a mí me contó,
porque es rosa sin espinas
y de misterioso olor.
Su novio la quiere tanto
que un ramillete cortó,
y en el día de su santo
se lo manda con amor.

Porque te ha puesto a ti Rosa,
si eres azucena en flor,
y te pareces a una virgen
que en San Lorenzo vi yo.
Su novio la quiere tanto
que un ramillete cortó,
y en el día de su santo
se lo manda con amor.

LA MARISMA TIENE Y TIENE

La marisma tiene y tiene,
tiene una Blanca Paloma,
con un pastorcito en brazos
que verlo es gozo y aroma.
Que tú te tienes, tienes,
tú te tienes que *vení*
para que veas que no es mentira
lo que yo te digo a ti.

La marisma tiene y tiene,
tiene en el medio una ermita
que es como un blanco velero
que al cielo volar invita.
Que tú te tienes, tienes,
tú te tienes que *vení*
para que veas que no es mentira
lo que yo te digo a ti.

La marisma tiene y tiene,
tiene una brisa en la tarde
que ablanda los corazones
de los que la llaman *Madre.*
Que tú te tienes, tienes,
tú te tienes que *vení*
para que veas que no es mentira
lo que yo te digo a ti.

La marisma tiene y tiene,
tiene un camino de estrellas
pal rociero que nunca
quiera apartarse de Ella.
Que tú te tienes, tienes,
tú te tienes que *vení*
para que veas que no es mentira
lo que yo te digo a ti.

MIRO AL CIELO DE SEVILLA

Miro al cielo de Sevilla
y veo tus ojos celestes,
lejos como el cielo, ¡lejos!,
pero en mi corazón siempre.
Tú no tardes en llegar.
Ven en primavera, ven.
Ven en primavera, ven.
Cuando nazca el azahar
nacerá nuestro querer.

Oigo la fuente en la plaza
y escucho tu risa alegre,
agua de mi vida, ¡agua!,
que está seca de no verte.
Tú no tardes en llegar.
Ven en primavera, ven.
Ven en primavera, ven.
Cuando nazca el azahar
nacerá nuestro querer.

Siento la brisa en mi cara
como un beso de quien quiero
y a lo lejos las campanas
van midiendo mis anhelos.
Tú no tardes en llegar.
Ven en primavera, ven.
Ven en primavera, ven.
Cuando nazca el azahar
nacerá nuestro querer.

Ahora las tardes se alargan,
se oye *cantá* a las chiquillas,
cantan al amor que viene,
ya es primavera en Sevilla.
Tú no tardes en llegar.

Ven en primavera, ven.
Ven en primavera, ven.
Cuando nazca el azahar
nacerá nuestro querer.

A LA SOMBRA VERDE

A sombra verde
de la verde higuera
me echaré a soñarte
esta primavera.

Cuando la amapola
florezca en los trigos
en su verde sombra
soñaré contigo.

Yo siempre dije que sí,
cuando tú decías que no.
Y sigo loco por ti,
no mando en mi corazón.

Y en la sombra fresca
de sus verdes ramas
creeré que tus labios
dicen que me aman.

Yo siempre dije que sí,
cuando tú decías que no.
Y sigo loco por ti,
no mando en mi corazón.

En la dulce sombra
hecha de hojas verdes,
un rayo de cielo
besará mi frente.

Yo siempre dije que sí,
cuando tú decías que no.
Y sigo loco por ti,
no mando en mi corazón.

Aunque no me ames
deja que te quiera,
soñando a la sombra
de la verde higuera.

Yo siempre dije que sí,
cuando tú decías que no.
Y sigo loco por ti,
no mando en mi corazón.

PLAZUELA, VENTE CONMIGO

Las casitas de colores
están al río *asomás*...
Así se pinta Triana, ay, mi Triana,
sobre su verde caudal.
¡Plazuela!... Vente conmigo,
vente conmigo a cantar,
que de los cantes flamencos
Triana es la catedral.

Del barro de estas orillas
un corazón formaré;
toma en tus manos mi arcilla,
que quiero dejarte hacer.
¡Plazuela!... Vente conmigo,
vente conmigo a cantar,
que de los cantes flamencos
Triana es la catedral.

En una barca de amores
quisiera llegar al mar,
y allí decirte al oído
lo que te quiero contar.
¡Plazuela!... Vente conmigo,
vente conmigo a cantar,
que de los cantes flamencos
Triana es la catedral.

Un día me entré por tus ojos
hasta donde tu alma está.
Yo buscaba luz del día
y solo hallé oscuridad.
¡Plazuela!... Vente conmigo,
vente conmigo a cantar,
que de los cantes flamencos
Triana es la catedral.

TIRI, TIRITITANDO

Yo te estaba esperando
en la noche fría
y encendí una candela
por si venías.
No tardes tanto
en venir a buscarme,
que te estoy esperando
al *lao* de esta candela,
tiri, tirititando.

Quiero tus ojos verdes
de rompeolas.
Ven esta noche a verme.
Te espero a solas.
No tardes tanto
en venir a buscarme,
que te estoy esperando
al *lao* de esta candela,
tiri, tirititando.

Que tus labios me saben
a mí a canela,
y mis deseos son brasas
que en ti se queman.
No tardes tanto
en venir a buscarme,
que te estoy esperando
al *lao* de esta candela,
tiri, tirititando.

Y en tu pelo el aroma a
rosal florido,
como en la primavera
huelen los trigos.

No tardes tanto
en venir a buscarme,
que te estoy esperando
al *lao* de esta candela,
tiri, tirititando.

LO NUESTRO NO PUDO SER

Para subirme a la torre
campanero vine a ser,
y desde la torre ver
cada vez que tú salías
a tu corral a tender;
¡era tu ropita blanca
banderita en el cordel!
Lo nuestro no pudo ser,
como no te decidías,
lo nuestro no pudo ser
y *pal* resto de mis días
campanero me quedé.

A la torre con mis penas
cuántas noche me subí
y la blanca luna llena
siempre me hablaba de ti:
«Anda, olvídate de ella,
que no te va a hacer feliz».
Lo nuestro no pudo ser,
como no te decidías,
lo nuestro no pudo ser
y *pal* resto de mis días
campanero me quedé.

Cigüeña que al campanario
vueltas y vueltas le das…
Pienso en lo nuestro a diario,
no me lo puedo apartar,
que te guardo en un sagrario
dentro de mi voluntad.
Lo nuestro no pudo ser,
como no te decidías,
lo nuestro no pudo ser
y *pal* resto de mis días
campanero me quedé.

Ya vuelven los carboneros
del verde, verde pinar;
en cuanto brille el lucero
pal rosario he de tocar;
tú soltera, y yo soltero;
yo, en la torre, y tú, a rezar.
Lo nuestro no pudo ser,
como no te decidías,
lo nuestro no pudo ser
y *pal* resto de mis días
campanero me quedé.

LOS ROCÍOS QUE ME QUEDEN

Ya se murió la amapola
del amarillo trigal...
Pronto carros y carriolas
estos campos cruzarán;
pronto llegará el Rocío.
¡Ay! ¡Qué prontito vendrá!
Pues, vámonos, vámonos
a la marisma cruzar
y hasta la ermita llegar,
que los rocíos que me queden
yo no los quiero faltar.

Su majestad de los cielos,
sublime águila real,
que desde tus altos vuelos
ves lo que está por llegar:
cien hermandades, cien pueblos
echándose a caminar.
Pues, vámonos, vámonos
a la marisma cruzar
y hasta la ermita llegar,
que los rocíos que me queden
yo no los quiero faltar.

Florecieron las adelfas
y el arroyo se secó.
El mes de mayo se aleja
huyendo del calor,
y todo el campo se alegra
porque el Rocío llegó.
Pues, vámonos, vámonos
a la marisma cruzar
y hasta la ermita llegar,
que los rocíos que me queden
yo no los quiero faltar.

Cruzando el cielo celeste
la cigüeña vi volar
y sus polluelos alegres
oigo en su nido cantar:
«¡Rocío! ¡Mira qué suerte!
¡Tu pueblo ya está al llegar!».
Pues, vámonos, vámonos
a la marisma cruzar
y hasta la ermita llegar,
que los Rocíos que me queden
yo no los quiero faltar.

POR QUÉ NO VINISTE, AMOR

De tu casa hasta la mía
tan solo un cuarto de hora;
siempre te estoy esperando
como la playa a la ola.
Por qué no viniste, amor,
la otra noche y la pasada,
por qué no viniste, amor,
estando la noche clara
y el caminito andador.

Me llevo el día mirando
los mensajes que me llegan,
pero ninguno me viene
de quien yo quiero que venga.
Por qué no viniste, amor,
la otra noche y la pasada,
por qué no viniste, amor,
estando la noche clara
y el caminito andador.

El caminito es derecho,
la farola está encendía,
¿por qué hace ya que no vienes
a verme casi tres días?
Por qué no viniste, amor,
la otra noche y la pasada,
por qué no viniste, amor,
estando la noche clara
y el caminito andador.

Mirando por los cristales
la callecita está sola,
¿por qué no vienes a verme
siquiera un cuarto de hora?
Por qué no viniste, amor,

la otra noche y la pasada,
por qué no viniste, amor,
estando la noche clara
y el caminito andador.

LO QUE NO BORRA EL AGUA

A la media noche
te han visto llorar;
porque a quien tú quieres
no te quiere ya.
Lo que no borra el agua
ha de borrarlo el viento;
lo que viento ni agua borran,
lo borra el tiempo.

Ojeritas negras,
noches sin dormir,
por *queré* a quien sabes
no te quiere a ti.
Lo que no borra el agua
ha de borrarlo el viento;
lo que viento ni agua borran,
lo borra el tiempo.

Sabanitas blancas
que están *empapás*
con tus lagrimitas
de la *madrugá*.
Lo que no borra el agua
ha de borrarlo el viento;
lo que viento ni agua borran,
lo borra el tiempo.

Cachito de cielo
no llores por él;
yo sé bien que hay alguien
que te ha de querer.
Lo que no borra el agua
ha de borrarlo el viento;
lo que viento ni agua borran,
lo borra el tiempo.

YA HUELE EL VIENTO A ROCÍO

Ya huele el viento a Rocío
y mi corazón se llena.
Cohetes y tamboriles
dentro de mi alma resuenan
y el ansia de los carriles
de mi vida se apodera.
Y es que el Rocío es así:
tú lo aprendes de chiquillo
y siempre se queda ahí;
dentro del corazoncillo
te sigue haciendo feliz.

«Carmela, Pepa y Antonia,
¿dónde vais tan de mañana?».
«Vamo a *adorná* la carreta
con flores azul y grana,
porque el Rocío es un regalo
que Dios cada año nos manda».
Y es que el Rocío es así:
tú lo aprendes de chiquillo
y siempre se queda ahí;
dentro del corazoncillo
te sigue haciendo feliz.

Yo te vi unciendo los bueyes,
un año más compañero,
igual que lo hacía tu padre
que fue aquel gran rociero…
¡Qué fuerte, amigo, qué fuerte
esto que llevamos dentro!
Y es que el Rocío es así:
tú lo aprendes de chiquillo
y siempre se queda ahí;
dentro del corazoncillo
te sigue haciendo feliz.

Que a la gente del Rocío
no nos entiende cualquiera...
Y si te ennovias conmigo
no faltaré, aunque no quieras,
porque mi vida se escribe
en caminitos de arena.
Y es que el Rocío es así:
tú lo aprendes de chiquillo
y siempre se queda ahí;
dentro del corazoncillo
te sigue haciendo feliz.

LA FLOR DE TU SIMPECADO

Cuando escuches los cohetes,
no te quedes en la cama,
que es la Virgen del Rocío,
que a los caminos te llama.
Y oigas en el campanario,
repicando las campanas,
es la Virgen del Rocío,
no te quedes en la cama.
Que al Rocío has de llegar,
por los caminos de mayo,
por los caminos de mayo,
y allí en la ermita entregar
la flor de tu simpecado.

Tocando los tamboriles
vienen por las callejuelas,
es la Virgen del Rocío,
que no deja que te duermas.
Se escucha en los adoquines,
el crujir de las carretas,
es la Virgen del Rocío,
que no deja que te duermas…
Que al Rocío has de llegar
Con prisa un café *bebío*
y agüita clara en la cara,
que la Virgen del Rocío
a los caminos te llama.

Coge de tu cabecera
y cuélgate tu medalla,
que la Virgen del Rocío
a los caminos te llama.
Que al Rocío has de llegar
Si el sol con rayos de oro
en tu habitación se cuela,

es la Virgen del Rocío,
que no deja que te duermas.

Y el corazón galopando,
el corazón recordando,
tantas alegrías viejas,
es la Virgen del Rocío,
que no deja que te duermas.

LA TIERRA DE MIS ABUELOS

Un pastor con su rebaño
debajo del aguacero
lo estás librando del rayo,
Rocío, Reina del Cielo.
¡Ay, marisma! ¡Tierra antigua!,
la tierra de mis abuelos.
Yo no tengo más herencia
que haber *nacío* marismeño.

Con capote y a caballo
mientras que dura el invierno
yo he visto llegar los patos,
las garzas y los flamencos,
que soy guarda de estos campos:
como si fuera su dueño.
¡Ay, marisma! ¡Tierra antigua!,
la tierra de mis abuelos…

Viene la tropa de yeguas
corriendo por los senderos…
Se las saca y se las lleva
hasta Almonte por San Pedro,
que es costumbre marismeña
que inventaron mis abuelos.
¡Ay, marisma! ¡Tierra antigua!,
la tierra de mis abuelos…

Tú eras solo madre nuestra
y has querido, en este tiempo,
ser madre de *to* el que tenga
un corazón marismeño.
Pa los que vengan de afuera
tenemos el pecho abierto;
pero que *to* el mundo sepa:
nosotros somos los dueños.

ALMA ESPAÑOLA

La copla nació en los labios
de una mujer sevillana
en un patio de naranjos
que la luna plateaba.
Luego, se fue caminando
y allí por donde pasaba,
era la copla el quebranto
de los sentires de España.

Qué tiene el alma española,
mi tierra bendita y santa,
que si reza, ríe o llora,
coge una guitarra y canta.

Al compás de los martillos
de una fragua de Triana
nació la toná flamenca
que a Andalucía engalana.
Los gitanos la llevaron
desde Sevilla a Granada
y el árbol del cante jondo
se fue llenando de ramas.

Qué tiene el alma española...

En los barquitos veleros
que de América llegaban,
venían cantando cumbias,
guajiras y colombianas.
Y en el puerto en Barcelona,
los gitanos lo escuchaban…
Y Cataluña dio al mundo
nuestra rumba catalana.

Qué tiene el alma española...

Un pasodoble torero
del campo de Salamanca
sobre la piel de los toros
llegó a tierras de Navarra.
Y las agüitas del Ebro,
que a la Pilarica bañan,
se llenaron con los sones
de los suspiros de España.

Qué tiene el alma española.
Mi tierra, bendita y santa.
Que si reza, ríe o llora
coge una guitarra y canta.

Este libro se terminó de imprimir, en su primera edición, por encargo de la editorial Almuzara el 19 de marzo de 2025. Tal día del 1812, en Cádiz se publica la primera Constitución Española denominada popularmente «la Pepa» (origen de la frase «¡Viva la Pepa!»).